ro
ro
ro

«Mittlerweile gibt es schlechte und schlechtere Tage. An den schlechteren Tagen entdecke ich noch eine Zahnbürste in meinem Bad, die mal jemand anderem gehört hat. An den schlechten gehe ich ohne Weißwein ins Bett. Den Ottern habe ich mit meiner Freundin Marie zusammen Brillen gemalt. Außerdem haben sie ein Gerüst um unser Haus gebaut. Die Fassade wird gestrichen. Ich glaube, dass Gott das Gerüst in Auftrag gegeben hat.»

Nora Gantenbrinks Geschichten erzählen etwas vom Leben und der Liebe, das wir alle schon einmal gefühlt haben, aber so nicht hätten formulieren können: weise, lustig und gut.

Nora Gantenbrink, geboren 1986, wurde wegen Tschernobyl schon vorzeitig von ihrer Mutter abgestillt. Nach einem nichtsnutzigen, aber abgeschlossenen Studium in Münster besuchte sie die Henri-Nannen-Journalistenschule in Hamburg. Anschließend arbeitete sie als Redakteurin bei SPIEGEL ONLINE. Danach schrieb sie Artikel für Stern, ZEIT, SPIEGEL und ein Wurstmagazin. Seit Anfang des Jahres ist sie Reporterin beim Stern.

NORA GANTENBRINK
VERFICKTES HERZ

& ANDERE GESCHICHTEN

Rowohlt Taschenbuch Verlag

Originalausgabe
Veröffentlicht im Rowohlt Taschenbuch Verlag,
Reinbek bei Hamburg, Oktober 2013
Copyright © 2013 by Rowohlt Verlag GmbH,
Reinbek bei Hamburg
Lektorat Diana Stübs
Umschlaggestaltung ZERO Werbeagentur, München
(Abbildung: FinePic, München)
Satz Pinkuin Satz und Datentechnik GmbH, Berlin
Druck und Bindung CPI – Clausen & Bosse, Leck
Printed in Germany
ISBN 978 3 499 63039 2

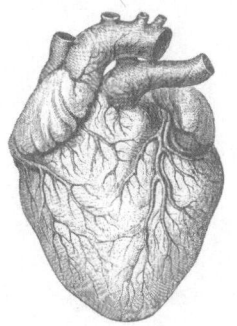

INHALT

«Wenn das Herz denken könnte,
stünde es still.»

Don Giovanni. Letzte Party

VERFICKTES HERZ

Liebeskummer ist das größte Arschloch, das es gibt. Und das Problem ist, dass es ein unlösbares Problem ist. Dass du ja nichts dagegen tun kannst. Außer warten. Die Lösung des Problems ist also: Das Warten muss gut sein, verdammt gut. Im Warten braucht es Yoga, braucht es Rausch, braucht es gute Geschichten und noch bessere Kurzgeschichten. Es braucht Faust im Theater und mentale Fäuste in seinem Gesicht.

Erinnere dich an schlechte Zeiten, wenn du an ihn denkst. Die gab es auch, die hast du nur verdrängt. Unangenehme Momente. Als du mit seinem FDP-Vater Sushi essen musstest, zum Beispiel. Du warst zu gut für ihn, du bist die Beste. Irgendwann wird einer kommen, der das weiß und schätzt; einer, der gut bumsen kann und gut singen.

Peng. Puff. Bängbäng.

Vergangenheit

Wenn Hildegard ihre Schlüssel nicht verloren hätte, wäre ich immer noch ein glücklicher Mensch. Ich wäre nach Hause gegangen, hätte mich ausgezogen und ins Bett gelegt.

Am nächsten Morgen hätten die Penner vor der Haustür geschrien, vielleicht hätten ein paar Sonnenstrahlen den Dreck des Kiezes ausgeleuchtet. Tauben hätten in der Kotze vor meiner Haustür gepickt, und die Putzfrau hätte sich vor den vollgepissten Dönerresten auf den Stufen geekelt.

Es wäre ein asoziales Stillleben gewesen, die gewohnte Verwüstung. Ich hätte mir eine Frankfurter Allgemeine Sonntagszeitung gekauft und einen Kaffee. Dann hätte ich mich auf die beste Bank am Hafen gesetzt.

Menschenströme in Jack-Wolfskin-Jacken wären vorbeigezogen. Präpariert für den Sonntagsausflug mit Erdbeereis, Kindern und hässlichem Hund. Dann und wann hätte ein Liebespaar am Geländer geknutscht. Etwas hätte man geträumt, diese Wolke sieht aus wie ein Vanillemuffin, jene wie eine Vagina. Wie ist das Leben schön, hätten die Möwen geschrien. Bitte genau hinhören, und dann lösen die Jack-the-Wolfskiner Tickets für die Hafenrundfahrt. Die Zeitung fliegt weg, zum Glück nur der Teil «Geld und mehr». Für einen kurzen Moment verschwinden alle Probleme von allein. Darauf noch einen Schluck.

Hildegard.

Hildegard ist sehr dick, 64 Jahre alt, und ihr weißes Haar ist ab den Ohren gelb. Sie schläft mit Männern gegen Geld. Es müssen ziemlich abgefuckte Männer sein.

Hildegard saß immer auf der dritten Treppenstufe vor der Heilsarmee in meiner Straße. Sie saß dort im Frühling. Sie saß dort im Winter. Wenn sie nicht dort saß, dann hatte sie zu tun.

Wir kannten einander lange, bevor wir das erste Mal miteinander redeten. Keiner traute sich, den anderen anzusprechen, obgleich sich unsere Blicke täglich kreuzten. Irgendwann schenkte ich ihr einen Schal. Von da an sprachen wir oft, sie erzählte mir aus ihrem Leben, ich gab ihr Zigaretten. Nur sehr selten unterbrach uns ein hässlicher Mann.

Früher war Hildegard Lastwagen gefahren, dann ist ihr Leben in ein Ungleichgewicht geraten, und alles begann mit einem kompliziert gebrochenen Arm. Die Genesung dauerte lang. Zu lang für den Chef der Spedition, einen alten Mann, der zu viel trank und den Geruch von Geld liebte. Hildegard wurde arbeitslos.

Hildegard war eine Gefallene. Ein Mensch, der ganz unten in der Gesellschaft arbeitet, dort, wo man nicht gerne hinschaut. Weil es schmutzig ist und die Menschen stinken.

Als ich an einem Samstagabend nach einer Party gegen fünf Uhr morgens nach Hause ging und sie wie immer auf der Stufe saß, bot ich ihr eine Zigarette an. Sie rutschte auf ihrer Pappe zur Seite, ich setzte mich zu ihr. Sie stank schlimmer als sonst. Wir rauchten, dann fing sie an zu weinen.

Hildegard hatte ihren Schlüssel in ihrer Sozialzimmertür am Hamburger Berg stecken lassen und schlief nun seit drei Tagen auf der Straße. Sie sagte, es kämen keine Kunden, und so wie Hildegard roch, schien das nur logisch. «Was soll ich jetzt machen?», fragte sie mich.

Ich sagte Hildegard, dass ich ihr einen Schlüsseldienst zahlen würde. Dann wählte ich die Nummer der Auskunft, und Hildegard und ich gingen eine Straße weiter und stellten uns vor ihre Tür, während neben uns ein paar Jugendliche in die Briefschlitze pissten.

Du bogst um die Ecke und hast gefragt, ob alles gut ist. Ich sagte ja. Dann gingst du nicht mehr weg.

Der Schlüsseldienst hat 398 Euro gekostet. Hundert Prozent Nachtaufschlag. Ich hatte den schlimmsten Abzieher Hamburgs angerufen, und ich hasste ihn. Ich hasste, wie er Hildegard ansah. Ich hasste, dass er sagte: Warum helfen Sie ihr? Ich hasste seine Preise und dass ich nur dreihundert Euro auf dem Konto hatte. Kreditkarte.

Du hast gesagt: Was verflucht bist du? Ich sagte: Betrunken. Ich schaute dich an. Ich mochte deine Brille nicht. Aber dass du geblieben bist.

Später sind wir Kurze trinken gegangen. Als die letzte Kneipe zugemacht hat, sind wir zu mir, weil es gegenüber war und richtig schien. Wir saßen in der Küche meiner Wohnung, es war spät, wir haben Bier vom 24-Stunden-Kiosk getrunken. Ich bin mit dem Kopf auf dem Küchentisch eingeschlafen. Du hast mich geweckt, dann haben wir uns geküsst.

Ich hatte nicht mit dir gerechnet, aber du hast mir gefallen. Ich mochte den Klang deiner Stimme. Ich mochte die Art, wie du eine Frau anfasst, die du küsst. Ich mochte die Farbe deiner Augen: Matsch. Ich mochte, dass du gesagt hast: Meine Augen sind matschfarben.

Zu dieser Zeit traf ich mich auch mit einem anderen Typen. Er sah gut aus und hatte einen wohlklingenden Namen. Er fuhr mit mir in den Otterpark. Danach sah ich ihn nie wieder.

Wir tranken Bier in ranzigen Kneipen, wir fuhren an die Nordsee und spuckten ins Meer. Ich sammelte die Flusen aus deinem Bauchnabel in einer alten Kodak-Filmdose. Wir lagen im Bett und lasen uns vor. Wir kniffelten und tranken dabei Birnenschnaps.

Du wolltest, dass ich deine Eltern kennenlerne. Wir aßen mit ihnen den teuersten Fisch meines Lebens und lachten über die Glatze deines Vaters.

Wir tanzten Tango und tranken dazu alten Whisky. Wir schliefen so oft miteinander, dass ich in den Mittagspausen auf dem Nadelfilzteppich in meinem Büro einschlief. Du sprühtest mir Otter an die Hauswand, weil ich Otter liebe und du Sprühen.

Du konntest keine Kommasetzung. Du hast «das Einzigste» gesagt. Es kümmerte mich nicht. Wenn ich neben dir lag, dann fühlte es sich richtig an. Es war gut ohne Begründung. Es war schön ohne Gedanken. Es war mein Herz.

Nach wenigen Monaten wolltest du mit mir am Hafen spazieren gehen. Wir liefen die Treppe runter zum Wasser, dann sagtest du mir, dass du mich nicht mehr liebst. Du wüsstest nicht, warum, aber so sei es.

Ich ging nach Hause, trank zwei Flaschen Wein. Weinte bestimmt dreieinhalb aus, kotzte die Toilette voll und hoffte, dass mein Herz mit rauskommt. Ich wollte es durch die Speiseröhre pressen und in die Keramikschüssel speien. Ich wollte es gern vor mir liegen haben und ganz genau betrachten.

Ich dachte, dass möglicherweise alles Teil eines großen Irrtums war. Ich dachte: Gleich wird er hier klingeln und sagen, dass alles Teil eines großen Irrtums ist. Aber als es schellte, war es nur ein Penner, der fragte, ob er im Hausflur schlafen kann.

Menschen küssen sich im Rausch der Nacht. Sie stillen ihr Verlangen aneinander und stellen am nächsten Tag fest, dass es gestillt ist. Das ist fair. Menschen bleiben nicht, wenn sie gehen wollen. Sie dürfen nicht ihre Zahnbürste ins Bad stellen und Otter an die Hauswand sprühen. Sie dürfen nicht sagen, dass sie lieben, und es dann reklamieren wie Nike-Airmax in der falschen Farbe.

Marie sagte: «Er hatte Scheißpullover an.»

Leon sagte: «Ein Mann, der dich verlässt, soll sich gehackt legen.»

Fridolin sagte: «Verlieb dich doch einfach in mich.»

Aber Herz und Hirn sind zwei nebeneinander existierende Organe. Wie ein altes Ehepaar leben sie vor sich hin und hören dem anderen nie zu.

Die ganze Stadt sah anders aus seit diesem Tag. Hier vorne aßen wir Schawarma. Dort knutschten wir. Als ich das letzte Mal durch diese Straße ging, da war ich glücklich. Ich lief über die Reeperbahn und wünschte mir so sehr, in einen Schusswechsel zu geraten.

Ich ging tanzen, trinken, tanzen, trinken, tanzen, trinken, tanzen, trinken. Aber eine Höllenexplosion kann man nicht wegsaufen.

Ich habe Werther immer gehasst. Ich dachte, er sei ein Opfer. Aber das stimmt nicht. Ich bin Werther, alle sind Werther, die Frage ist bloß, wann. Wenn ich mir was wünschen könnte, dann, dass ich dir nie begegnet wäre. Dass wir nur zwei Menschen wären im Universum.

Deine Sachen habe ich in einen Karton gepackt mit der Aufschrift: «Wenn wir so weit sind, in der Elbe versenken.» Zweimal habe ich dir eine SMS geschrieben. Einmal nannte ich dich einen Wichser, das andere Mal eine nicht enden wollende Enttäuschung. Insgesamt schrieb ich dir 48 E-Mails, von denen ich nie eine abschickte. Tobias zwang mich, deine Nummer zu löschen. Es dauerte neun Becks.

Mittlerweile gibt es schlechte und schlechtere Tage. An den schlechteren Tagen entdecke ich noch eine Zahnbürste in meinem Bad, die mal jemand anderem gehört hat. An den schlechten gehe ich ohne Weißwein ins Bett.

Den Ottern habe ich mit meiner Freundin Marie zusammen Brillen gemalt. Außerdem haben sie ein Gerüst um unser Haus gebaut. Die Fassade wird gestrichen. Ich glaube, dass Gott das Gerüst in Auftrag gegeben hat.

Ich konnte nicht mehr in Hamburg sein ohne dich. Ich bin in ein Land gefahren, in dem die Häuserfassaden zerschossen sind und die Menschen traurig. Ich habe gebrüllt und geweint und Nietzsche verstanden. Ich habe

Piwo mit Leuten getrunken, deren Sprache ich nicht spreche, und mich daran erinnert, dass das Leben gut ist. Dann bin ich umgekehrt.

Auf meiner Bank am Hafen sitzen jetzt andere Menschen mit anderen Geschichten, aber ob sie glücklich sind, das weiß ich nicht. Meine Freunde sagen, es wird irgendwann vorbeigehen wie Passanten.

Hildegard habe ich seit diesem Tag im November nicht mehr gesehen. Ich habe noch dreimal an ihrer Tür geklingelt, aber es hat niemand aufgemacht. Die Leute in der Heilsarmee sagen, sie sei ganz plötzlich verschwunden.

18

Zukunft

An einem Sommertag wenige Monate später büxt der Hund vom Installationskünstler Max aus der Wohlwillstraße aus. Das traurige Mädchen tritt derweil mit einer Packung Klopapier in den Händen aus dem Budni, Ecke Simon-von-Utrecht-Straße. Es stolpert unglücklich über den Hund. Das traurige Mädchen fällt auf den Kopf, die Augenbraue platzt auf, und es bildet sich ein Brillenhämatom. Ein Arzt diagnostiziert eine Prellung des Augapfels und des Orbitagewebes. Max hat ein schlechtes Gewissen. Er besucht das Mädchen und bringt Maiglöckchen mit. Er hat eine künstlerische Eingebung, außerdem ist er emotional intelligent. Max kommt jetzt jeden Tag und fotografiert das Hämatom des traurigen Mädchens. Im Zustand Grünblau küsst er zuerst ihre Stirn, dann ihr Ohr, zum Schluss das Brillenhämatom. Nach 28 Tagen ist es gelb, danach weg. Max und sein Mädchen stellen die Bilder unter dem Titel: «The colours of love» in einer Industriehalle in Wilhelmsburg aus.

Peng. Puff. Bängbäng.

MARTHA

Ich traf Martha in einem Indierockclub, kurz nachdem der Arabische Frühling ausgebrochen war. Sie trug einen sehr kurzen Jeansrock und eine Schleife im Haar. Ich weiß noch, dass mich ihr Arm beeindruckte.

Manche Punkte waren groß und bunt wie Konfetti. Andere waren nur stecknadelkopfgroß und schwarz. Sicher war die Tätowierung schmerzhaft gewesen. Sie erinnerte mich an eine Legging, die ich irgendwann in der Grundschule besessen haben muss. Auf ihr explodierte ein Feuerwerk.

«Kennst du die?», fragte mein bester Freund Ulf.

«Nein», sagte ich.

«Sie heißt Martha», sagte er. «Sie ist völlig durchgeknallt.»

Dann spielte DJ Xinus «Ghost of Tom Joad», und ich wollte gerade tanzen gehen, als Martha etwas zu mir sagte, das ich nicht verstand.

«Was?», schrie ich.

«Ich hatte grad zum ersten Mal Analsex auf dem Klo», schrie Martha. Dann packte sie meinen Arm wie ein Seil und zog mich auf die Tanzfläche.

Don't know what I'm still doing here
I'm so tired

No sleep

For too many nights

Martha und ich tanzten bis kurz nach sechs und gingen nur, weil irgendjemand Klopapierrollen in die Toiletten geschmissen hatte und alles überschwemmt war. Wir winkten Xinus und wankten zum Ausgang. Ulf und die anderen waren längst zu Hause. Vor der Tür zündete ich mir eine Zigarette an, und Martha sagte: «Jetzt müssen wir sehen, wo wir noch was zum Vögeln herbekommen.»

Ich war verwundert über das «Wir». Wir waren doch Fremde. Vermutlich hatte Martha irgendein schlimmes Problem. Vielleicht war sie in der Vergangenheit vergewaltigt worden. Vielleicht heute auf dem Klo. «Komm», sagte ich zu ihr.

In einem Technoclub am Hafen legte ein Bekannter von mir auf, und dort würde es sicher noch bis zehn Uhr gehen. Also radelte ich mit Martha ins Discomugel. (Das Wort war eine Symbiose aus Mensch und Discokugel.) An der Tür trafen wir einen Bekannten, der ziemlich drauf war und immer wieder erzählte, wie geil es oben sei. Dann schaute er auf Marthas Arm und sagte, wie geil ihr Tattoo sei, und dann griff er ihr an den Arsch und sagte, dass alles geil sei. Martha ließ sich von ihm so lange den Arsch massieren, bis ich sagte: «Ich gehe jetzt hoch.»

Auf dem Weg zur Tanzfläche traf ich ein paar alte Freunde. Martha kam die Treppe herauf wie eine Königin, und einer meiner Freunde zeigte auf sie und sagte, dass er mal mit ihr geschlafen habe, nachdem sie ihn in der Posaunenbar angefallen hatte. Martha kam mit zwei Club Mate von der Bar wieder, gab mir eine davon und sagte, sie könne keinen Alkohol mehr trinken, sie sei schon ziemlich voll.

Dann verschwand sie auf der Tanzfläche. Später sah ich sie mit einem Typen im roten Turnanzug knutschen. Als das Licht anging, radelte ich allein heim.

Zwei Tage später trafen wir uns am Kanal an der Uni wieder. Sie trug einen sehr kurzen Rock und keine Schleife im Haar. Ich lag auf der Wiese und las Paul Austers «Erfindung der Einsamkeit». Sie setzte sich neben mich ins Gras und fragte, ob ich traurig sei. Ich sagte ihr, ich sei nicht traurig, nur emotional unaufgeregt.

Seit drei Monaten hatte ich eine Affäre, die von großer Gleichgültigkeit geprägt war. Bis zu meinem 27. Lebensjahr ging ich davon aus, dass Sex immer eine Entladung echter Emotionen darstellen müsse. Dass Sex das höchste der Gefühle sei und nur möglich, wenn man sich wirklich, wirklich liebt. Aber ich habe festgestellt, dass all das eine Erfindung der Bravo-Foto-Lovestory war.

Sex geht auch ganz gut ohne Gefühle. Man kann mit jemandem schlafen, der einem völlig gleichgültig ist, und trotzdem zum Orgasmus kommen.

Martha hockte sich jetzt hin und hielt sich mit ihren Händen an ihren orange lackierten Zehen fest. Dann fielen ein paar Tränen darauf, und ich sah zu, wie sie sich zwischen den Rillen ihrer Füße einen Weg bahnten. «Ich bin so einsam», sagte Martha und blinzelte in die Sonne.

«Warum?», fragte ich sie und erhielt keine Antwort. Sie zuckte nur mit den Achseln und wippte so spastisch auf und ab, dass ich sie aus Mitleid in den Arm nahm.

Ich fragte Martha nach dem roten Turnanzug, und sie schüttelte den Kopf. Dann schluchzte sie, sie habe ja einen Freund gehabt, aber der habe sie verlassen aus sexueller Überforderung. Ich ließ sie los, weil ich so lachen musste. Ich hatte schon viele absurde Trennungsgründe gehört. Ein Freund von mir ist von einer Frau verlassen worden, weil er angeblich zu laut atmete. Aber die sexuelle Überforderung eines Mannes durch eine Frau? Diese Art der Überforderung kannte ich, wenn überhaupt, nur umgekehrt. Das Problem war, dass ich zu diesem Zeitpunkt Martha noch nicht richtig kannte.

Das erste Mal stutzig wurde ich, als wir wenige Wochen später Kaffee trinken waren und sie ihre Unterarme mit Mullbinden umwickelt hatte. Martha trug ausnahmsweise eine Hose mit einem weiten weißen T-Shirt und trank Ingwertee. Ich fragte sie, warum ihre Unterarme bandagiert seien, und sie sagte, dass dieser Typ, den sie gerade habe, echt kreativ sei. In Marthas Welt kennzeichneten kreative Typen zum Beispiel, dass sie mit ihr «Vergewaltigung» spielten.

«Vergewaltigung» funktionierte so: Basti, ihre aktuelle Affäre, tat, als wolle er Martha vergewaltigen. Sie schrie: «Oh nein, bitte mach das nicht», und dann tat er es doch. Und je mehr Martha schrie, desto besser fand Basti das und umgekehrt. Bei der letzten Vergewaltigung hatte sich Martha beim Fliehen beziehungsweise Wegrobben von Basti durch die Reibung auf dem Teppichboden ihre Unterarme verbrannt. Ich schlug vor, diesen Typen bei der Polizei anzuzeigen. «Auf keinen Fall», sagte Martha nur, und dann fragte sie mich, ob es einfacher sei, a) einen Nobelpreis zu gewinnen oder b) glücklich zu sein, und ich sagte, dass das mit dem Nobelpreis einfacher sei.

Martha arbeitete an der Uni und habilitierte, was sehr beeindruckend war für eine 29-Jährige. Sie hatte Kulturanthropologie studiert und über die Entwicklung der Kirmesraupe promoviert. Summa cum laude, danach das Angebot, an der Uni zu bleiben. Ein kleines Gehalt, ein eigenes Büro mit Blick auf den Behindertenparkplatz. Die typische Uni-Karriere.

Martha hatte einen Bruder und eine Schwester. Ihre Mutter war Musiklehrerin und ihr Vater Denkmalpfleger. Sie hatten einen Dackel namens Stupsnasi, und wenn ein Stupsnasi starb, dann holte man einen neuen und nannte ihn wieder so.

Martha und ihre Familie wohnten in einem schönen Haus mit einem bürgerlichen Umfeld in Südwestfalen. Martha wurde geliebt und gehegt wie eine Blume. Erst als sie mit 16 Punk wurde und mit 18 Gothic, gab es etwas Stress, der aber nicht wesentlich über andere pubertäre Eltern-Kind-Konflikte hinausging.

Vergewaltigt wurde Martha nie, außer natürlich in den Rollenspielen, die sie selbst einforderte. «Ich habe einfach eine extreme Sexualität», sagte Martha dazu.

Nun glaubte ich immer, dass Martha eigentlich das größte Geschenk für jeden Mann sei, aber Männer fürchteten sich vor ihr. Sie hatte oft für ein paar Monate einen Freund (meistens für maximal drei). Die Beziehungen endeten fast immer ohne konkrete Erklärungen der Männer. Das Ende kündigte sich oft mit Magenschmerzen an.

«Die Magenschmerzen des Mannes sind die Migräne der Frau», sagte Martha immer. Martha war schön und klug, und sie war witziger als jeder Mensch, den ich bis dahin kennengelernt hatte. In dem Jahr, das wir zusammen verbrachten, sprangen wir nackt von der Kanalbrücke, warfen Schokopudding an die Kirche der Scientologen, und an meinem Geburtstag setzte sich Martha auf den Kopierer ihrer Uni und faxte mir anschließend die Kopien ihres Arsches. Sie war der einzige Mensch, der mir E-Mails schickte, in deren Betreffzeile stand: «Kennst du eigentlich den Song Fotzenpimmelbahn von der Band Eisenpimmel? Hier wäre er.»

Mittwochs gingen wir zusammen zum Kneipenquiz in die Posaunenbar. Am Wochenende tanzten wir. Martha lernte einen Typen mit beachtlicher Potenz kennen und war deshalb in letzter Zeit oft vergnüglich gestimmt.

Einmal lagen wir auf einer Wiese und lasen. Martha machte sich obenrum frei und schlief irgendwann über einem kulturanthropologischen Buch ein. Als sie mit dem Abdruck einer Buchkante auf der Wange aufwachte, sagte sie: «Ich bin ein Mensch mit markanten Gesichtszügen.» Ich sagte ihr, dass sie mein Leben schöner mache und dann robbte sie an mich ran und küsste mich auf den Mund. Es war eine wirklich gute Zeit bis zu der Woche vor Weihnachten.

Tom, Marthas letzter Freund, hatte sie verlassen, und ich fand Martha nur mit einer Unterhose bekleidet auf dem Fußboden ihrer Küche liegend mit einem T-Shirt von ihm in der Hand vor. Sie sprach nicht mehr, sie wimmerte nur noch. Dass Tom sich von ihr getrennt hatte, rekonstruierte ich anhand des Posteingang ihres iPhones. «Es tut mir leid, du bist eine wundervolle Frau ...» So beginnen Tragödien.

Ich dachte an meine letzte Begegnung mit Martha und Tom. Wir waren im Affenkopf gewesen, es war sehr lustig. Irgendwann kam Ulf und nahm meine Hand. Er zerrte mich auf die Männertoilette, sagte «Schau mal» und stellte mich auf den Toilettendeckel. Ich sah eine Frau, die mit dem Kopf in der Kloschüssel zu stecken schien, und einen Typen dahinter. Ulf filmte mit seinem iPhone, wie die beiden vögelten, und ich sagte ihm, dass er ein Arschloch sei. Dann gingen wir wieder an die Bar. Als ich Martha am nächsten Tag davon erzählte, fragte sie: «Hast du seinen Schwanz gesehen?»

Nach der Trennung blieb ich insgesamt drei Tage bei ihr. Ich kaufte ihr in der Apotheke Johanniskraut und fütterte sie mit Tortellini. Ich schaute mir abends mit ihr Bambi oder Cap und Capper an und versorgte sie immer mit ausreichend extra sensitiven Menthol-Taschentüchern. Wir sahen gerade *Findet Nemo*, als Martha sagte: «Ich habe ihn wirklich geliebt, weißt du.»

Kurz vor Weihnachten verabschiedeten wir uns. Ich musste zu meinen Eltern, sie zu ihren. Ich wünschte ihr «Frohe Weihnachten» und schenkte ihr einen Aufsatz für ihren Vibrator sowie eine Karte mit dem Aufdruck: «Friends are forever, boys are whatever», auch wenn das etwas kindisch war. Wir versprachen einander, bald zu telefonieren. Als ich zwischen Weihnachten und Neujahr nach Hause kam, fand ich zwischen einem dicken Packen Briefe, die um Spenden baten, folgende Notiz von Martha:

Liebes,

wenn du diesen Brief liest, bin ich schon auf dem Weg nach Kefalonia. In der griechischen Stätte des Hirtengottes befindet sich eine Tafel aus dem 3. Jahrhundert vor Christus, mit dem ältesten Beleg des Wortes Nymphomanie. Weißt du, es gibt doch diese Menschen, die adoptiert wurden und dann irgendwann dorthin reisen, wo ihre Kultur ist. Diese Kinder wollen wissen, wie es im Senegal oder in Sri Lanka aussieht. Das möchte ich auch. Sag meinen Eltern nicht, wo ich bin, denn das würde sie verletzen. Ich verletze durch die triebhafte Art meiner Existenz Menschen, die mich lieben. Das ist so absurd, weil ich eigentlich auch nur geliebt werden will. Ist ein Mensch, der sich vor allem im Extremen fühlt, eigentlich ein schlechterer oder nur ein extremer? Wir sind das, was wir sind.

Martha

Ich habe immer gehofft, dass Martha bald wiederkommt. Mittlerweile ist sie schon über ein Jahr weg. Ihre Eltern zahlen weiter die Miete ihrer Wohnung. Ihr Büro an der Uni steht leer. Die Studenten fragen nach ihr. Ihre Professoren sagen, sie sei auf einer längeren Forschungsreise.

Ich ertappe mich dabei, wie ich in Cafés und Kneipen Gespräche belausche, nur, um noch mehr Beweise dafür zu sammeln, wie belanglos die Dialoge der Menschen 2013 sind. Statt über Kriege oder Liebe redet man über das Wetter. Über bevorstehende Klausuren. Über Kinderwagenmodelle und den Durchfall ihrer Insassen. Und dann denke ich, dass die allumfassende Banalität dieser Welt viel brutaler ist als Marthas Sexualtrieb.

Den Mut, meine belanglose Affäre zu beenden, habe ich nie aufgebracht. Stattdessen wache ich jeden Morgen mit der Gleichgültigkeit neben mir auf.

Eine Türsteherin aus dem Discomugel behauptet, dass sie Martha in einem SM-Studio an der holländischen Grenze gesehen habe. Sie nenne sich jetzt Sklavin Shahrivar. Wie diese eine Schauspielerin.

Wenn ich an einer Kirmesraupe vorbeilaufe, fange ich an zu heulen. Ich kann nichts dagegen tun.

HÖHLENTAGE

Du stehst vor dem Sekretär, dein Gras ist oben rechts hinter der Buddha-Figur aus Stein. Du sagst, der Buddha ist der Türsteher der Bewusstseinserweiterung.

Der beste Freund vom Buddha ist der Holzelefant ohne Augen. Du sagst, der Holzelefant kann mit dem Rüssel hören und mit den Ohren sehen, und wenn ich frage, warum nicht umgekehrt, dann sagst du, fang bitte an, den Elefanten so zu nehmen, wie er ist.

Niemand darf den Sekretär anfassen, und erst recht darf niemand den Buddha verschieben und den Winkel verändern, in dem der Holzelefantenrüssel auf den Buddha zeigt.

Du hast den Verdacht, dass der Winkel verändert war. Besonders in letzter Zeit. Du öffnest den Sekretär und misst den Rüsselwinkel. Der Deckel des Mixers, links hinter der Dose, du bist dir sicher, war vorher fester zugeschraubt. Du bist dir sicher, jemand klaut dein Gras.

Am nächsten Tag kommen Schneider und Rölle, und du sagst: «Jemand raucht mein Gras!» «Krass», sagt Schneider und Rölle «Brutal». Dann schweigt ihr ein wenig, und Rölle baut eine Tüte auf den Schreck, und Schneider baut eine einfach so, und du baust später eine, denn das ist euer Ding.

Rölle erklärt dir noch einen Trick mit einem Haar, den er mal in der *Yps* gelesen hat. Und als ich sage, dass ich schlafen will, schickst du die Jungs heim und küsst mich in den Nacken, denn es ist schon spät. Und wir gehen ins Bett und ich denke: «Soll ich's dir sagen?» Und ich sage nichts.

Wir haben uns kennengelernt auf einem Festival am Fühlinger See. Du trugst Sandalen. Männer in Sandalen sind mir so zuwider wie Männer in kurzen Hosen. Kurze Hosen trugst du auch.

Du arbeitest mit Behinderten. Da ist Frau Schmidtke mit dem Wackelkopf, wie witzig ihr Kopf wackelt und ihr Mund speichelt. Du hast immer ein Tempo in der Hosentasche, das ziehst du raus und wischst Speichel von Wangen und Knien, auch von Untertassen. Es wird viel gespeichelt im Heim der lachenden Gesichter.

Am nächsten Tag komme ich dich abholen. Du und Herr Wermingmeier und das Herbstlaub im Park. Früher war Herr Wermingmeier Musikprofessor, heute redet er Wirres, aber du sagst: «Man merkt, dass Herr Wermingmeier ein Schlauer war.» Ihr sitzt nebeneinander auf einer Parkbank. Blätter fallen. Herr Wermingmeier streichelt eine Kastanie.

Als ich komme, beginnt Herr Wermingmeier zu weinen. «Warum weint er?», frage ich, und du sagst: «Weil er noch draußen bleiben will, weil er gern hier sitzt, aber alleine nicht darf.» Und du nimmst meine Hand und ziehst mich auf die Bank, und dann sitzen wir noch eine

Weile so, und Herr Wermingmeier sagt: «Soll die Emp-findung Liebe seyn? Ja, ja, die Liebe ist's allein. – O wenn ich sie nur finden könnte! O wenn sie doch schon vor mir stände!»

Du hast dir Systeme gebaut, damit in deiner Welt al-les Sinn macht. Du nimmst zwei Ausgleichstage für die Sonntagsdienste und kündigst Höhlentage an. Rölle, der nie was zu tun hat, sagt, er bräuchte auch mal wieder eine Auszeit.

Lagerkäufe bei Lidl, es gibt Regeln. Während der Höh-lentage verlässt niemand die Wohnung, und niemand kommt rein. Auch ich nicht. Ihr zieht die Rollos runter und schließt die Tür ab. Für vier Höhlentage braucht ihr 20 Gramm und eine funktionierende Playstation. Ihr braucht ausreichend Pringles, Pommes, Fertigpizza. Als ich einwende, dass der Schinken auf der Hawaiipizza aus Pressfleisch besteht, sagst du: «Danke, Baby», und wählst Salami.

Du bestehst auf Tacos, Rölle auf Nappos. Dann streitet ihr, ob ihr Capri-Sonne oder Spezi kauft. Ich sage, dass es mir reicht, und gehe Richtung Ausgang. Ich setze mich auf eine Bank, gegenüber der Slogan «Heute bleibt die Küche kalt, wir gehen in den Wienerwald». Ich denke mir, ja genau so, nur dass das «wir» ein «ich» ist und der Wienerwald kein gutes Ziel.

Du interessierst dich seit fünf Jahren mehr für Sponge-bob als für Deutschland. Manchmal erreiche ich dich ta-gelang nicht, weil du in deiner kleinen Bude sitzt und dich betäubst. Wenn du auftauchst, bist du immer gut zu mir und voller Träume.

Ich weiß, dass du kein schlechter Mensch bist. Für jeden hast du Verständnis, fast nie bist du wütend. Immer willst du helfen. Ist jemand böse, sagst du, schau, wir wissen nicht, was dahintersteckt.

Oft sagst du: «Baby, du bist so kapitalistisch.» Dabei sage ich bloß: «Lass uns abhauen! Lass uns mehr wollen! Die Welt erkunden! Vielleicht ein Cabrio kaufen oder eine Altbauwohnung in Berlin? Wir könnten in unserem Wohnzimmer Konzerte veranstalten! Ein bisschen Rambazamba, ein bisschen Rock'n'Roll, was meinst du?»

Du sagst, dass du Herrn Wermingmeier in den Tod begleiten willst und dass deine Mutter traurig sein wird, und was ist mit Fynn, deinem Neffen, er ist doch noch so klein? Du sagst, du hast Verantwortung für ihn, und als ich schreie: «Aber auch für mich», da wissen wir beide nicht weiter.

Du führst einen Alltag auf Repeattaste. Ich will aber nicht Zeitzeuge einer Warteschleife sein. Stillstand ist Rückschritt. Evolutionsbiologie. Rote-Königinnen-Prinzip.

Ich wäre gern mal abends mit dir ausgegangen ohne Augentropfen und Papers. Ohne Angst, in eine Polizeikontrolle zu geraten.

Wir reden schon so lange von Nepal und Mexiko. Von Barcelona und Warschau. Meist hast du kein Geld, ein anderes Mal sagst du: «Wir sind doch noch jung.» Dann campen wir wieder in Holland.

Seit Jahren beschneide ich mich aus Liebe zu dir. Ich will mit dir schlafen, aber du drehst erst noch einen Joint. Dann hasse ich dieses Kraut, das alles umnebelt, verlangsamt, erlahmen lässt.

Du glaubst, ich werde für immer deine Frau sein, aber nichts ist für immer. Bloß weil dein Gehirn auf dem Wirkstoff einer Pflanze hängengeblieben ist, wirst du dein ganzes Leben lang einer längst vergangenen Version von mir nachtrauern.

Weißt du, meine Eltern haben auch gekifft. Mein Vater vermutlich zu viel, aber er war wenigstens politisch dabei. Du bist einfach nur du oder da oder nichts. Mit dir zu träumen hat keine Zukunft, es ist bloß Zeitverschwendung.

Sieh mich doch mal an. Ich möchte nicht bloß *Cowboys & Aliens* auf DVD schauen. Ich kann die Verschwörungstheorien deiner Freunde nicht mehr ertragen, ich hasse den würzigen Duft in deiner Bude, geschwängert mit der Süße der Räucherstäbchen. Ich könnte vor Wut auf deinen siffigen Flokati kotzen.

Es gibt nur die Möglichkeit, dass du dich änderst oder ich mich begnüge, und beides ist Unsinn und nur eine Verlängerung eines von vornherein zum Scheitern verurteilten Verlängerns des Scheiterns.

Höhlentage sind Höllentage. Liebe auch.

Als Lia di Massa im Jahre 2028 als angesehene Kunsthistorikerin aus New York zurück nach Berlin zog, fand sie diese Niederschrift in der Schublade eines Sekretärs zwischen ein paar verknitterten Aquarellen. Sie las die Zeilen, befand sie für albern und schmiss sie ins Altpapier.

WAL / WASSER / PLANKTON

Es gibt drei Stadien, in denen sich der Mensch befinden kann:

Wal, Wasser oder Plankton.

Ich befinde mich seit mehreren Wochen in Zustand Nummer 3, weshalb ich hier sitze, bei Frau Drömer-Dengler, und an die Decke starre. Die Decke ist ganz weiß, nur gestrichen, keine Tapete. Die ersten fünf Male, die ich bei Frau Drömer-Dengler war, dachte ich, die Decke sei überall gleich; weiß und glatt, aber mittlerweile meine ich, Unebenheiten zu erkennen.

Frau Drömer-Dengler nenne ich heimlich DD oder P. Diddy, wegen des Doppel-D und weil es kürzer ist und weil mich Doppelnamen nerven. Ich würde sehr ungern einen Doppelnamen haben und erst recht keinen wie Drömer-Dengler. Wenigstens heißt DD mit Vornamen nicht Doris oder Daniela, sondern Lydia.

DD soll mir helfen. Deshalb hat sie mir 60 Therapiestunden verordnet, und die Krankenkasse hat sie bewilligt. Drömer-Dengler diagnostizierte Depressionen. Das ist ein trauriger Zustand, aber eine schöne Alliteration.

Seitdem liege ich einmal die Woche auf dieser roten Hippiecouch, die mich immer ein wenig an die von Freud erinnert. Freuds Couch habe ich mal zusammen mit Neo besichtigt, sie steht in Hampstead, in der Nähe von London.

Mittlerweile ist mir jede Couch und jede Diagnose recht. Das Meiste ist mir eh egal. Ich funktioniere einfach nur noch. Stehe morgens auf, putze mir die Zähne, kämme mir die Haare.

Ich mache Pilates, weil es gesund ist, die Disziplin fördert und manchmal müde macht. Ich esse eine Orange, weil sie gesund ist, Vitamin C enthält und wegmuss. Mein Leben ist ein Gerüst aus erlernten Rationalitäten. Es ist keine Freude.

Ich wasche mein Haar, mache Müsli, versuche mit Kniebeugen die Schwere aus den Beinen zu vertreiben. Oft entdecke ich im Schaufenster eine traurige Frau, die dieselbe Mütze wie ich trägt.

Anrufe meiner Mutter ignoriere ich. Wenn meine Freunde mich einladen, rede ich von Kopfschmerz und Erschöpfung. Geburtstage, Polterabende und Partys anderer Art meide ich, denn schon der geringste Konsum von Alkohol steigert meine Melancholie zu unangemessener Größe. Zudem triggert jede Form von Veranstaltung eine Erinnerung. Neo wünschte sich zu seinem nächsten Geburtstag eine Westerngitarre, eine Guild GSR D-40 LTD in Schwarz.

Am liebsten sitze ich bei schlechtem Wetter am Seerosenteich im Planten un Blomen. Planten un Blomen ist ein Park in der großen Stadt, in der ich wohne. Es gibt dort ein Gewächshaus mit fleischfressenden Pflanzen und eine Eislaufbahn. Wenn der Himmel grau ist, kann man stundenlang auf der Bank am Seerosenteich sitzen, ohne dass man angesprochen wird oder sich jemand zu einem setzt. Bei gutem Wetter komme ich nie. Dann sind Kinder auf dem Spielplatz, und die Menschen sind in Paaren unterwegs. Paare ertrage ich nur noch in Form von Schuhen.

Natürlich stellt sich die Frage, wie es zu so einem Zustand kommen konnte. DD sagt, dass es unterschiedliche Auslöser für Depressionen gibt. In meinem Fall war es wohl ein Trauma.

* * *

Wir sprachen noch darüber, dass letztes Jahr im April Schnee lag, und lachten. Die Idee, ans Meer zu fahren, kam spontan. Neo hatte sich eine Parisienne angezündet. Es sah schön aus, wie der Wind an seinem Haar zerrte und der Rauch aus seinem Mund zog. Ich legte meine Hand auf sein Knie.

«Sag mir ein Land mit P!»

«Panama.»

«Wir sollten im Spätsommer nach Panama.»

Wir waren so ein Paar, das Wortspiele mochte und Gedankentänze. Wir konnten uns treibenlassen und ineinander versinken. Neos Hand passte genau um meine Brust und meine Stirn zwischen seine Schulterblätter. «Meinst du, wir sind ein Menschenpuzzle?», habe ich ihn oft gefragt. «Hat Gott uns erschaffen, damit wir uns finden und ineinanderlegen?»

Neo nahm eine Kassette und ließ sie ins Deck gleiten. Kassetten sind echt Achtziger, aber Neo fuhr einen alten Opel Rekord C, Baujahr 1971 in Himmelbau, und der spielte nur Kassetten. Neo hatte viele Theorien, und eine war, dass eins der größten Probleme der Menschheit die Sehnsucht nach Bequemlichkeit ist.

Ist der Wagen praktisch, verbraucht er nicht viel Benzin? Was, wenn er liegenbleibt? Muss man nicht ständig an ihm schrauben? Ist er teuer? Benötigt er eine Garage?

Ja, sagte Neo dann, aber ist die Liebe praktisch? Wie viele Liter frisst sie? Was, wenn sie auf der Strecke bleibt? Muss man nicht ständig an ihr arbeiten? Ist sie nicht auch teuer? Braucht sie kein Dach?

Ich fragte ihn dann manchmal: Lieben sich Menschen, die einen Golf fahren, anders? Und Neo sagte: Eine solide Liebe ist wie eine Multifunktionshose von Tchibo. Oder wie eine Vorratspackung Cornflakes. Oder wie diese Karabinerhaken, an denen manche Männer ihre Schlüssel befestigen. Man müsse sich immer selbst fragen, was man haben will.

Wir hörten die Band Beirut. «Postcards from Italy». Das ist ein schönes Lied. Es klingt nach Freiheit. Neo schmiss seine Zigarette aus dem Fenster und begann zu summen.

* * *

«Frau März, worüber möchten Sie heute reden?»

«Über die Decke.»

«Was ist mit der Decke?»

«Ich erkenne Unebenheiten in ihr.»

«Sind diese Unebenheiten auch in Ihnen?»

«Nein.»

«Warum?»

«Weil in mir nichts mehr ist. Nur ein Loch vielleicht, ja, in mir ist ein Loch.»

«Ist ein Loch nicht auch eine Unebenheit?»

«Nein.»

«Nein?»

«Eine Unebenheit besteht aus Erhöhungen und Vertiefungen, aber ein Loch ist einfach nichts. Ein Loch ist nicht da, ein Loch ist Leere, verstehen Sie? Ein Loch ist keine Grube oder Senke, auch wenn es in der Geographie fälschlicherweise so verwendet wird. Ein echtes Loch ist zum Beispiel ein schwarzes Loch. Wenn Sie sich dafür interessieren, sollten Sie mal am Tag der offenen Tür zum Teilchenbeschleuniger Cern in die Schweiz fahren.»

«Frau März, wie erging es Ihnen diese Woche?»

«So wie in jeder Woche ohne Neo.»

«Hatten Sie Albträume?»

«Ja.»

«Erzählen Sie davon!»

«Wir hörten Musik, und meine Hand lag auf Neos Knie. Dann scherte der Lastwagen vor uns nach links aus. Wir hatten weder Airbags, Kopfstützen noch gute Gurte.

Wenn ein Laster einen Oldtimer in die Leitplanke drückt, dann gewinnt nie der Oldtimer.»

«Und dann?»

«Als ich im Krankenhaus zu mir kam, hatte ich alles verloren. Denn Neo ist nicht mehr.»

«Was machen Sie dann?»

«Ich weine. Ich will sterben. Ich sehne mich. Ich sehne mich so sehr nach ihm.»

Mein Kopf zwischen seinen Schulterblättern. Seine Hand um meine Brust. Wir zusammen auf Bali oder in Kairo. Und bevor mein Vater starb, da ging er mit mir zusammen ins Hospiz. Da saß er neben mir und hielt meine Hand. Und als Vater starb, da war er da.

Und abends, wenn ich im Bett lag, da hat er manchmal nebenan noch Gitarre gespielt. Und dann bin ich eingeschlafen, und irgendwann kam er in unser Bett und summte noch die letzte Melodie. Er mochte Schrauben, aber er hasste Motoröl an den Händen. Er liebte Marmorkuchen, aber Torte aß er nie.

«Frau Drömer-Dengler, ich halte das nicht aus!»

«Was haben Sie in dieser Woche gemacht?»

«Ich war arbeiten im Institut, und weil die ganze Woche die Sonne schien, war ich abends schwimmen.»

«Was mögen Sie am Schwimmen?»

«Ich fühle mich zurzeit am besten, wenn mein Kopf unter Wasser ist. Dann höre ich nichts und sehe verschwommen. Dann bin ich ganz allein und fast nackt, und wenn ich etwa eine Stunde schwimme, dann strengt mich das so an, dass ich aufhören muss zu denken. Und das ist momentan das schönste Gefühl in meinem Leben. Besser waren nur diese Beruhigungsmittel im Krankenhaus. Aber Sie weigern sich ja, mir diese Tabletten zu verschreiben.»

«Frau März, diese Tabletten machen abhängig.»

«Was gut ist, macht abhängig.»

«Was ist mit dem Johanniskraut, nehmen Sie das?»

«Das nützt nix. Das ist eine Pflanze.»

«Cannabis ist auch eine Pflanze.»

«Ich glaube, ich muss mir von Ihnen nicht die Wirksamkeit von Cannabis erklären lassen.»

«Sie wirken wütend.»

«Ich bin nicht mal wütend.»

DD ist möglicherweise keine wirklich gute Psychologin, zumindest kommt mir das manchmal so vor. Letzte Woche hat sie mir vorgeschlagen, alle meine Ängste auf kleine Zettel zu schreiben und in eine schöne Dose zu legen. Einen billigeren Trick hätte ich wahrscheinlich nur auf den Psychologieseiten der *Brigitte* gefunden.

Ich will Dosierung statt Duftbäder, also habe ich einen Termin beim Psychiater gemacht. Es ist gar nicht so leicht, in einer großen Stadt einen Termin beim Psychiater zu bekommen. Aber manchmal ist mein Ehrgeiz noch größer als meine Antriebslosigkeit.

Der Psychiater verschreibt Tabletten, die DD nicht verschreiben darf, und die Wartezimmer sind meist schöner als beim Hals-Nasen-Ohren-Arzt. Statt auf billige Kunstdrucke starre ich auf einen echten Oskar Kokoschka. Sind Psychiater reich? Oder sollen die Leute, die einen an der Marmel haben, zumindest in einem schönen Wartezimmer sitzen?

Ich fände das gerecht. Mandeln kann man notfalls entfernen, ein Gehirn nicht. Mit dem Gehirn muss man sein ganzes Leben lang auskommen, auch wenn es beschädigt ist. Als Sprachwissenschaftlerin weiß ich, dass viele Menschen – und nicht die schlechtesten – Probleme mit ihrem Gehirn hatten. Büchner zum Beispiel, Nietzsche oder Kafka.

42 Links neben mir im Wartezimmer sitzt ein alter Mann, der gar nicht krank aussieht, sondern bloß alt. Rechts neben mir sitzt eine Frau mit einem komischen Regenmantel und einer Kette aus Salzkristallen um den Hals. Ihre Schuhe hat sie mit Silberpapier umwickelt. Als ich ihre Füße ansehe, sagt sie: «Wegen der Strahlung.»

«Welche Strahlung?», frage ich, aber dann sagt die Auszubildende schon: «Frau März, kommen Sie mal bitte mit mir mit», und ich stehe, ohne eine Antwort zu bekommen, auf.

Der Psychiater sitzt an einem großen Tisch und hat eine große Nase und ein großes Herz. Er sagt, dass ich einen schönen Vornamen hätte, und ich sage: «Rosa, nach Rosa Luxemburg. Meine Eltern, wissen Sie, waren alte Linke, Sympathisanten der RAF, Straßenkämpfe und Krawall.» Und als er «Antiautoritäre Erziehung?» fragt, da nicke ich.

Wir reden ein bisschen, dann stellt mir der Psychiater ein Rezept aus und erklärt, dass die Frau mit der Alufolie glaubt, sie werde verstrahlt. So was nennt sich Psychose. Der Psychiater war mal bei der Frau zu Hause. Dort war alles mit Silberpapier umwickelt, die Kaffeemaschine, die Klorolle, selbst die Katze.

«Schlimm», sage ich und falte den gelben Zettel in meinen Händen. Cipralex 10 mg Filmtabletten. In diesen Tabletten steckt Glück. Es ist nicht dasselbe Glück, das ich mit Neo hatte. Denn ich weiß, dass dieses Glück einmalig war.

Ich würde jetzt eigentlich ganz gern gehen, aber der Psychiater will noch mit mir reden. Er sagt, dass Cipralex ein Medikament mit dem Wirkstoff Escitalopram sei. Escitalopram sei ein selektiver Serotonin-Wiederaufnahme-Hemmer. Ich habe keine Ahnung, was das bedeutet. Dem weiteren Vortrag des Psychiaters entnehme ich, dass bei Depressiven der Serotoninspiegel im Arsch ist. Allerdings wisse niemand, ob das nun die Folge oder die Ursache einer Depression sei.

Er sagt: «Vielleicht ist es beides.»

Ich denke: Vielleicht ist es egal.

Später sagt der Psychiater, dass er gern Acro-Paragliding mache, das sei so spezielle Gleitschirmakrobatik und nicht ganz ungefährlich. Für mich klingt das so uninteressant wie abstoßend, schon allein dieses Wort: Gleitschirmakrobatik.

Der Psychiater ist, glaube ich, froh, dass ich da bin. Ich

bin sehr dünn, trage eine ordentliche Bluse und bin sorg-
fältig geschminkt. Meine Brüste sind nicht groß, aber von
schöner Form und fester Substanz. Ich gehe nicht davon
aus, dass ich verfolgt oder verstrahlt werde, und kann
mich intelligent artikulieren. Ich bin mir meiner Wirkung bewusst.

Der Psychiater sagt, ich soll in einem Monat wieder-
kommen, damit wir wissen, wie das Medikament an-
schlägt. Er sagt auch, dass es etwas dauert und dass als
Nebenwirkungen Übelkeit, Libidoverlust und Appetitlo-
sigkeit auftreten können. Er sagt, dass in der Packungs-
beilage steht, man soll die Tabletten ohne Alkohol ein-
nehmen. Aber wenn man sie mit Alkohol einnehme, sei
es auch nicht weiter schlimm, da passiere nichts. Ich frage
den Psychiater, ob es stimmt, dass ich von Antidepressiva
ein anderer Mensch werde, aber er sagt nein.

Nie passiert irgendwas.

Als ich die Praxistür hinter mir zuziehe, ist der alte
Mann aus dem Wartezimmer verschwunden, und die
Silberpapierfrau wird gerade hereingerufen. Sie heißt
Eleonore Ritter. Eleonore bedeutet «Gott ist mein Licht».

Später nehme ich die erste Tablette Cipralex mit einem
großen Glas Wasser. Dann befrage ich die Siri-Funktion
meines iPhones: «Wo ist der nächste Sushi-Lieferdienst?»
Siri sucht ihn mir. Mister Supersushi, dreimal die vier,
viermal die zwei. Ich bestelle Avocadonigri mit Krebsfleischimitat, doppelt Sojasoße, kein Ingwer. Und während ich so warte, frage ich Siri: «Wann werde ich wieder

glücklich?» Und Siri antwortet: «Verzeihung, ich kann dich nicht verstehen. Möchtest du, dass ich ‹Wann werde ich wieder glücklich?› für dich im Internet suche?»

«Nein. Wann werde ich wieder glücklich?»

«Es tut mir leid, aber ich weiß nicht, wann.»

Scheißding.

* * *

Ich liege im Krankenhaus, weil ich einen Blinddarm-durchbruch hatte. Meine Haare sind fettig. Ich musste vom Narkosemittel kotzen. Mein Mund ist trocken, und meine Zunge schmeckt wie ein stinkender Fisch. Mein Schambereich schmerzt. Durch die Tür kommt Neo. Er lacht. Ich sage ihm, er soll abhauen. Ich sage ihm, dass ich ihn hasse. Ich fange an zu heulen. Es geht mir beschissen. «Rosa, liebe Rosa», sagt Neo und legt seinen Kopf auf meine Brust.

«Würdest du für 1000 Euro jetzt mit mir schlafen?»

«Nein!», brülle ich.

Neo: «Schade, ich hätte das Geld wirklich gut gebrauchen können.»

«Arschloch!»

«Rosa, ich liebe dich auch mit Mundgeruch und Fetthaar. Auch als Einarm lieb ich dich. Auch mit einem Auge, obwohl du mir mit zweien deutlich besser gefällst», sagt Neo. Seine Lippen suchen meine, seine Zunge den stinkenden Fisch. Zum Abschied sagt Neo, dass Liebe keine

Einbahnstraße sei. Und dass es nicht immer nur ums Vögeln und Träumen gehe.

Heute weiß ich das auch.

* * *

«Frau März, wie ist es Ihnen letzte Woche ergangen?»

«So wie jede Woche ohne Neo. Aber ich habe jetzt Tabletten verschrieben bekommen vom Psychiater. Sie müssen aber nicht sauer sein, es sind keine Tabletten, die abhängig machen.»

«Ich bin nicht sauer auf Sie. Ich meine, Sie und Ihr Freund waren fast sieben Jahre ein Paar. Der Verlust eines geliebten Menschen, Frau März, kann uns in eine tiefe Krise stürzen. Trauerbewältigung ist eine langwierige Geschichte, manche Menschen trauern Wochen, andere Monate, manche Jahre. Aber es gibt Strategien, damit es Ihnen bessergeht. Und wir werden diese Strategien anwenden, damit es Ihnen schon bald bessergeht. Wissen Sie, viele Menschen werden in ihrem Leben mal depressiv. Depressionen gibt es schon, solange es den Menschen gibt. Der Arzt Hippokrates von Kos diagnostizierte Melancholie schon vor 2400 Jahren, können Sie sich das vorstellen?»

«Ja.»

«Haben Sie in dieser Woche gegessen?»

«Manchmal.»

«Was denn?»

«Hühnersuppe. Sushi mit Krebsfleischimitat. Manchmal Müsli, meistens Nussschokolade.»

«Ich habe den Eindruck, dass Sie schon wieder abgenommen haben.»

«Weiß nicht.»

«Das geht so nicht weiter.»

«Tja.»

«Frau März, wir haben jetzt noch 31 Sitzungen. Wenn Sie ein Therapieziel formulieren dürften, welches wäre das?»

«Wasser werden.»

«Wasser werden?»

«Ja.»

«Warum wollen Sie nicht der Wal sein?»

«Weil mir der Wal zu groß erscheint.»

«Was gefällt Ihnen an der Vorstellung, das Wasser zu sein?

«Ein Element zu sein. Genau richtig zu sein. Aristoteles zählte in seiner Vier-Elemente-Theorie Wasser, Erde, Feuer und Luft auf.»

«Aber Wasser fließt doch, ist überall und nirgends. Finden Sie das schön?»

«Ja. Weil es ein schönes Gefühl ist, genau richtig zu sein.»

«Und Plankton?»

«Das ist altgriechisch und bedeutet ‹Das Umherirrende›. Plankton steht ganz am Ende der Biokette. Die Schwimmrichtung von Plankton wird von den Wasserströmungen des Meeres vorgegeben. Ihre Eigenbewegung ist im Vergleich zu den Bewegungen des Wassers unbedeutend, völlig unbedeutend. Verstehen Sie?»

«Es geht so.»

«Ich bin Plankton.»

Ein wenig Schweigen.

«Wissen Sie, was mich noch so richtig traurig macht?»

«Nein.»

«Wasser ist auch nicht eins. Wasser ist die chemische Verbindung von Wasserstoff und Sauerstoff. Vielleicht bedeutet das, dass, was eins ist, zu zweit sein muss.»

«Frau März, wenn Sie sich diese Gedanken machen, wohin führt Sie das?»

«Frau Drömer-Dengler?»

«Ja?»

«Wenn ich bei Neo war oder wenn er bei mir war, egal wo wir waren, also wenn wir zusammen waren, habe ich mich genau so gefühlt, wie ich bin. Verstehen Sie?

«Ich glaube schon.»

Ich glaube nicht.

Ich glaube, sie kann überhaupt nicht verstehen, wie sehr mir Neo fehlt. Er fehlt mir beim Aufstehen, beim Einschlafen, beim Einkaufen, beim Traurigsein, beim Fröhlichsein. Ich wollte nie eine von diesen Frauen werden, die ihr Glück an einen Menschen binden, aber ich schaffe es einfach nicht, ohne Neo zu sein. Neo wusste schon, bevor ich müde wurde, dass ich müde bin. Er nahm stets die Schwere aus meinen Gedanken.

Ich habe ja Freunde, und ich sehe nicht schlecht aus. Ich könnte heute Abend in einen Club gehen und ein Kleid mit Ausschnitt tragen, den Rücken gerade machen und die Haare öffnen und mir Kondome in die Handtasche stecken, natürlich könnte ich das – theoretisch. Aber ich kann es nicht, weil der einzige Mensch, mit dem ich schlafen will, weil der einzige Mensch, den ich wirklich liebe, Neo Beck ist.

«Gut, Frau März, jetzt ist auch leider schon wieder die Zeit um, aber ich wünsche Ihnen trotzdem schöne Ostern!»

«Ich Ihnen auch!»

Auszüge aus dem Dokumentationsbericht von Dr. Lydia Drömer-Dengler, Diplom-Psychologin

Psychischer Befund zum Zeitpunkt der Aufnahme
Zum Erstgespräch erscheint eine junge, auffallend gepflegt gekleidete Patientin, die sehr distanziert und kontrolliert wirkt. Auch im weiteren Verlauf des Gespräches bleibt die Patientin kühl. Die Patientin ist bewusstseinsklar und allseits orientiert. Sie verfügt über einen hohen Bildungsgrad. Aufmerksamkeit und Konzentration sind nicht gemindert, keine amnestischen Störungen. Das Denken ist klar, frei von psychotischem Erleben und Halluzinationen. Die Stimmung der Patientin ist gedrückt, angespannt und mutlos. Der Antrieb, sowie Mimik und Gestik sind reduziert. Es liegt Lebensüberdruss und ein vermindertes Selbstwertgefühl vor. Auffallend

ist außerdem das deutliche Untergewicht der Patientin. Sie gibt an, an keiner chronischen Essstörung zu leiden.

Diagnose

Die diagnostische Untersuchung ergab eine rezidivierende depressive Störung, gegenwärtig mittelgradige Episode, ohne somatisches Syndrom, ohne psychotische Symptome und mit gering ausgeprägter Suizidalität. Im Persönlichkeitsbereich gibt es keine Anhaltspunkte für eine Störung. In der Interaktion mit dem Therapeuten gab es keine Hinweise auf eine histrionische Persönlichkeitsstörung oder -akzentuierung.

Therapieziel: Abbau der depressiven Symptomatik und der somatischen Begleitsymptome, Bewältigung des Alltags, Wiedergewinnung von Lebensfreude. Stärkung der Ressourcen und Verarbeitung des Unfalls, der als auslösendes Erlebnis der Depression angesehen werden muss und bei dem der Lebensgefährte von Frau März, ein 27-jähriger Musikstudent, am 9. April 2013 tödlich verunglückte.

* * *

Der Ostersamstag war in diesem Jahr sehr kalt, obwohl die Sonne schien. Viele Menschen trugen diese Mützen mit Bommeln aus Fell, weil das gerade modern war. Lydia Drömer-Dengler plante eine vegetarische Bolognese zum Abendessen und schob ihr Fahrrad vor einen kleinen Biosupermarkt in der Innenstadt, als sie etwas irritierte.

Ein paar Meter weiter stieg ein blonder junger Mann in einen himmelblauen Opel Rekord C. Auf dem Nummernschild waren folgende Buchstaben und Zahlen zu lesen:

HH-NB-1986.

Lydia Drömer-Dengler schaute dem Wagen lange hinterher.

WASABI 1999, DER
SCHÄRFSTE JAHRGANG
ALLER ZEITEN

Berlin zeigt sich zum Abschied so rau wie gewohnt. Nasskalter Nieselregen rinnt mir in den Nacken.

Ein Tag im Dezember der Gegenwart, und ich sehe noch alles genau vor mir. Das Holz an der Wand unserer Aula in Dortmund-Derne. Der Geruch von Klorix in der Eingangshalle. Herr Lilienthal, unser Stufenleiter mit dem Sprachproblem.

Es war das Jahr 1998. Bill Clinton lernte, dass es Folgen hat, seine Genitalien in einer Praktikantin verschwinden zu lassen. Die RAF löste sich endgültig auf, und Gerhard Schröder beendete die Ära Kohl.

Wir saßen in unserer schäbigen Aula und suchten nach einem Motto für unser Abitur. Valerie Rüthbaum stand an der Flipcharttafel. Neben ihr stand Bastian Wedelburg und daneben Herr Lilienthal. Der Rest von uns saß auf den orangefarbenen Plastikstühlen und schrie etwas wie:

«CannABIs – 13 Jahre Stoff.»

«YaABIdabaduuuuuuuuuuuuuuuu!»

«GABI – 13 Jahre bis zum Höhepunkt!»

«Abinal – alles fürn Arsch!»

«Jetzt reicht's aber mal, ihr Idioten, so einen Schweinkram lässt der Direktor doch niemals durchgehen», lispelte Herr Lilienthal.

«OsamABInladen!»

«Hääh, nääää», sagte Valerie Rüthbaum. Die war so doof, die wusste sicher nicht mal, wer das war. Und als Uhm Xifang, die Tochter eines Sushi-Restaurantbesitzers vorschlug, «WasABI, der schärfste Jahrgang aller Zeiten», zum Motto zu machen, nickten fast alle. Aber das lag nicht am Motto, sondern daran, dass niemand mehr Lust hatte, weiter nachzudenken. Und Valerie Rüthbaum streckte ihren runden Po raus und schrieb sehr langsam «WasABI 1999» an dieses Flipchartding. Und die ganze Aula applaudierte. Und Bastian Wedelburg schrie: «Ihr seid die Geilsten, schalalala!»

Bastian Wedelburg war der schönste Typ unserer Stufe und spielte bei Borussia Dortmund, und alle wollten, was er wollte, und alle machten, was er machte, und alle wollten sein, wie er war. Und es war noch in diesem Alter, in dem man meint, dass alles möglich sei. Ich meine, wir waren jung und fieberten dem Frühjahr entgegen, wir sehnten uns nach Freiheit und dachten, dass bald alles anders wird. Natürlich waren wir auch naiv.

Basti Wedelburg sagte, dass er das Abiballkomitee leiten werde. Er sagte auch, dass es richtig geil würde. Und als dann die Komitees eingeteilt wurden, da schrie ich: «Party, Party, yeah, yeah, yeah!»

«Du wolltest doch eigentlich in die Abizeitungsgruppe?», sagte Linda Wischnewskie.

«Ach, halt den Mund!»

Ich heiße Bianca Bröckermann. Unsere Familie ist eine Spirituosendynastie. Mein Opa erfand den Jacobi 1946; einen legendären Weinbrand. Ich habe auch noch einen älteren Bruder, Bernhard Bröckermann; der ist schwul.

Ich bin jetzt 33 Jahre alt und gehöre zu diesen Frauen, die nie als Erste in der Disco angesprochen werden. Meine Mutter sagte am Telefon zu ihrer Freundin mal: «Die Bianca ist nicht schön, aber klug.»

Wenn ich am Hauptbahnhof ankomme, bleiben mir noch sechs Minuten zum Umsteigen. Ab dann fährt mein Zug durch bis Dortmund Hauptbahnhof. Nach 3 Stunden, 20 Minuten und 98 Euro werden meine Eltern am Bahnsteig stehen und grinsen. Mein Vater wird mich am nächsten Tag zum Abitreffen fahren. Mein Vater fährt mich überallhin.

Ich weiß genau, wie meine Mutter riecht und wie mein Vater redet. Ich kann mir dann keine Zigarette mehr anzünden. Meine Mutter denkt, wenn eine Frau auf der Straße raucht, ist sie eine Hure. Mein Vater hat Asthma.

An Dortmund-Derne ist alles durchschnittlich, außer dem Ausländeranteil. Aber ich bin dort geboren und muss mich deshalb mit Dortmund-Derne arrangieren. Wir bewohnen immerhin eine der wenigen Jugendstil-Villen. Mit Tresor und Swimmingpool.

Bianca, Bianca, steig jetzt ein, setz einen Fuß vor den anderen. Es ist nur ein Abitreffen. Denk an etwas Schönes.

An einen Drink oder einen Regenbogen. Es sind doch deine alten Schulfreunde.

Ich wuchte meinen schweren Koffer in den Zug und suche meinen Platz und hoffe, dass der neben mir nicht auch reserviert ist, und werde natürlich enttäuscht.

Wenn man Raum und Ruhe für Gedanken braucht, sitzt man mit Sicherheit neben jemandem, der schnarcht oder sehr fett ist. Mir passiert das jedenfalls ständig. Also pfriemel ich mir Tempotaschentuchfetzen in die Ohren, atme durch und schließe die Augen. Nächster Halt: Vergangenheit.

«Darf Bianca rauskommen?», fragte Bastian Wedelburg. «Aber nur bis 22 Uhr», sagte meine Mutter. Und ich lauschte im Erker und freute mich.

Und als wir bei Wurstwaren Düllermann um die Ecke bogen, holte Basti einen Joint aus seiner Tasche, und wir liefen zur alten Windmühle, und ich weiß noch bis heute, worüber wir geredet haben, und ich weiß, dass es sich gut angefühlt hat, mit Basti durch die Felder zu laufen und auf der Windmühle zu sitzen und der Nacht entgegenzusehen und an diesem Joint zu ziehen.

Basti war so schön, selbst mein Bruder stand auf ihn. Schon mit 13 waren seine Unterarme sehnig und seine Augen sehnsuchtsvoll. Ich habe ziemlich lange davon geträumt, dass er mich mal küsst, aber es blieb bei den Träumen.

Dafür, dass Basti so schön aussah, hatte er lange keine Freundin. Angeblich hat ihn Valerie Rüthbaum nach unserer ersten Stufenparty in der 11 entjungfert, aber ich weiß nicht, ob das stimmt. Ich habe nie danach gefragt.

Mittlerweile haben wir seit über zehn Jahren nicht mehr geredet, denn Basti ging nach dem Abi auf Weltreise und ich nach Paris zum Studieren. Es gab ein paar Briefe und einen letzten von mir, der vielleicht etwas eindeutiger war als die davor. Ich habe nie eine Antwort erhalten.

Weihnachten verbringen meine Eltern, mein Bruder und ich normalerweise immer im Skiurlaub in Österreich, und das ist der Grund, warum ich fast alle Werdegänge meiner Schulfreunde nur noch aus dem Klatsch meiner Mutter rekonstruieren kann. Aber mein Vater ist mittlerweile zu alt zum Skifahren, und dann bekam ich diese Einladung zum Klassentreffen, und darum sollte dieses Jahr nun alles anders sein.

Ich nehme die Tempofetzen aus den Ohren, gehe ins Bordrestaurant und bestelle mir einen Wein zur Beruhigung. Und der Kellner fragt: «Rot oder Weiß?» Und ich sage: «Weiß», und der Kellner sagt: «Oh, wir haben gar keinen Weißwein mehr.» Ich sage: «Dann Rot», und als er wieder «Oh» sagt, bestelle ich eine Apfelschorle und gehe zurück ins Abteil.

Den Rest der Fahrt höre ich ein Pianokonzert von Chilly Gonzales und versuche, mich zu entspannen. Das Schlimmste an Klassentreffen ist, dass sie einen dazu zwingen, das eigene Leben zu bilanzieren. Ein ungewollter Scheinwerfer leuchtet einem in die Eingeweide. Daher rührt vermutlich auch mein Unwohlsein. Klassentreffen teilen Menschen in Verlierer und Gewinner ein. Was bin ich? Wer ist Bianca Bröckermann?

Ich lehne meinen Kopf an die Fensterscheibe und versuche einzunicken, aber es gelingt mir nicht. Kurz vor Dortmund bekomme ich eine SMS von Tonio, meinem italienischen Mitbewohner. Er schreibt: «Nicht lassen Kopf hängen in Sand, gibt es ja auch gar nicht außer in Wüste, haha!»

Tonio ist sehr witzig. Ständig bringt er deutsche Sprichwörter durcheinander und sagt Dinge wie: «Ist doch Katze wie Jacke!» Oder: «Da wird ja Pfanne verrückt!» Tonio ist nicht schön, aber irre witzig, wie gesagt. Eigentlich ist er ein Gefallen. Eine Freundin rief mich an und fragte, ob ich Tonio aufnehmen könne, vorübergehend. Tonio sei Künstler, aber monetär eher unerfolgreich. Ich sagte okay.

Tonio wollte nur einen Monat bei mir wohnen bleiben, und jetzt ist er schon fast ein Jahr da und hat ein eigenes Zimmer in meiner Eigentumswohnung, für das er natürlich keine Miete bezahlt. Alle meine Freundinnen sagen, ich solle ihn rausschmeißen, aber ich habe mich mittlerweile zu sehr an ihn gewöhnt. Außerdem kocht er unglaubliche Pasta, und seine Eltern schicken regelmäßig Panettone per Post.

Ich lache noch ein wenig über Tonio und döse ein bisschen, und dann sagt schon diese bekannte Stimme: «Vielen Dank für Ihre Reise mit der Deutschen Bahn.»

Meine Mutter trägt ihren Pelzmantel und mein Vater

eine Barbourjacke. In Dortmund gehören meine Eltern zu den oberen Zehntausend. Meine Mutter herzt und küsst mich. Sie riecht genauso, wie sie riecht. Mein Vater sagt: «Da bist du ja.» Dann nimmt er meinen Rollkoffer, und meine Mutter hakt mich unter. Der Bahnhof ist immer noch nicht saniert, seit Jahren. Meine Mutter sagt, dass das ein echtes Elend sei.

Meine Mutter und ich steigen hinten in den Wagen ein, während mein Vater den Koffer verstaut. Meine Mutter sagt, ich sähe sehr blass aus. Ganz ruhig lenkt mein Vater seinen VW Tuareg durch die Straßen des Ruhrgebiets. Ich schaue aus dem Fenster. Hier komme ich also her. Was löst das in mir aus?

Nichts.

Meine Mutter nimmt meine Hand und erzählt von den Kempers, unseren Nachbarn, und Elfriede, meiner Oma, und von Bernd, meinem Bruder.

Mir fällt mal wieder auf, wie schön meine Mutter ist. In ihrer ganzen Spießigkeit liegt etwas Wunderschönes. Aber was? Ist es der Augenbrauenstift? Der Hut mit Nerzkrempe? Der Farbton, mit dem sie ihre rot geschminkten Lippen umrandet? Sind es die filigranen Goldcreolen oder das auftoupierte Haar?

«Kind, morgen gehen wir bei Retzmann brunchen», sagt mein Vater. «Das magst du doch so gern.» Ich nicke. «Bernd und Rudi kommen auch.» Der Rudi ist der Lebensgefährte von meinem Bruder. Ein etwas untersetzter Ingenieur. Ich sage, dass das schön sei.

«Und das Klassentreffen ist dann morgen, ne, Bianca?» Fragt meine Mutter, obwohl sie das genau weiß.

«Ja, das ist morgen.»

«Ach schön. Und kommt der Basti Wedelburg auch?»

«Weiß nicht.»

«In den warst du ja immer so verliebt. Der hat ganz schön Karriere gemacht. Arbeitet jetzt in Singapur als Sportmanager, ist verheiratet und hat zwei Kinder. Das hat mir seine Mutter erzählt. Schon toll.»

Ich schaue auf mein Handy. Ich bin erst seit zwölf Minuten zu Hause und finde es schon richtig scheiße hier.

* * *

Das Klassentreffen wird im Schrebergarten des SPD-Ortsvereins gefeiert, weil Stefan Vorbecks Vater der Vorsitzende ist und weil Stefan Vorbeck das Klassentreffen organisiert. Es geht um 18 Uhr mit einem Sektempfang und einer Rede unseres Stufenleiters los. Ich stehe in meinem alten Kinderzimmer und betrachte mich im Spiegel. Seit wir bei Retzmann waren, sehe ich noch fetter aus, aber vielleicht bilde ich mir das auch nur ein. Vielleicht war ich schon immer so fett wie in diesem Moment.

Ich bin modisch unbegabt. Mein Kleiderschrank besteht nur aus schwarzen, weiten Kleidern mit kurzen und langen Ärmeln. Ich schminke mich nie. Wenn ich mal einen guten Tag habe, lege ich einen roten Seidenschal um, den ich dummerweise in Berlin liegengelassen habe.

Ich ziehe also ein schwarzes Kleid mit langen Ärmeln an und eine schwarze Strumpfhose, kämme meine Haare und gehe nach unten. Meine Mutter will, dass ich ihre Wimperntusche benutze und ihre Paillettentasche nehme und die hohen Schuhe, und ich sage drei Mal: «Nein!» Und sie seufzt und sagt, dass ich nie so war wie all die anderen Mädchen, und es klingt nicht wie ein Kompliment.

Mein Vater fährt mich in den Schrebergarten, und meine Mutter will mit. Mir ist es egal. Ich sitze auf der Rückbank und bin etwas aufgeregt, auch wenn das jetzt peinlich ist.

Vor dem Vereinsheim steht schon eine Gruppe von Menschen und raucht. Ich erkenne den Klaus, und wer ist das? Keine Ahnung. Daneben stehen meine alte Sitznachbarin Miriam und Linda und die Motorradfahrergang.

«Schau mal, Bianca, mir fallen die Haare aus, jetzt sehe ich langsam so aus wie Bert Wollersheim», sagt Klaus zur Begrüßung. Ich lache und krame meine Gauloises aus der Tasche.

Und während ich Miriam umarme, kommt Stefan und erklärt, dass von 98 Schülern fast 70 da sind und dass das eine echt gute Quote sei. Stefan trägt unser Abishirt und sagt, dass er extra in die Einladungsmail reingeschrieben habe, dass jeder es anziehen solle. Und jetzt habe es niemand an außer ihm, und dann sagt er ganz laut: «Das ist echt Scheiße von euch!» «Ich pass nicht mehr rein», sagt Klaus. «Und ich hab es verloren», lüge ich. «Und ich hatte kein' Bock», schreit jemand aus der Motorradgang.

Drinnen im Vereinsheim ist es schon richtig voll und richtig warm. Bastian Wedelburg sehe ich nicht. Valerie Rüthbaum schon. Sie trägt einen engen schwarzen Lederrock und hohe Schuhe und ist richtig, richtig schlank und sieht sehr jung aus und überhaupt nicht so verbraucht, wie man es sich vielleicht für eine stadtbekannte Schlampe wünscht.

«Bisschen billig, unser Schneewittchen», sagt Linda, die neben mir steht und mir einen Sekt in die Hand drückt.

«Du bist doch bloß neidisch.»

«Mit Sicherheit.»

«Bist du immer noch in Düsseldorf?»

«Ja. Pharmaschlampe.»

«Ach komm.»

«Hat nicht jeder so viel Hirnmasse gehabt wie die kleine Bröckermann. Der Lilienthal hat damals schon gesagt: Aus dir wird was.»

«Ja. Und bei dir? War es ein gutes Jahr?»

«Ein grauenvolles. Das schlimmste seit langem.»

«Warum?»

«Mein Verlobter hat mich verlassen. Nach acht verdammten Jahren. Er ist jetzt mit seiner Sekretärin zusammen.»

«Das tut mir leid.»

«Es kommt noch schlimmer.»

«Hm.»

«Die Sekretärin hat gemachte Brüste!»

«Wenn ich irgendwas für dich tun kann, sag Bescheid!»

«Fahr ins Kreuzviertel und knall ihn ab!»

«Ich denk drüber nach.»

«Und du? Hast du einen Typen?»

Die Wahrheit ist, es hat sich einfach nie ergeben. Es gab da ein paar Männer, die so unwichtig waren, dass man sie nicht mal als Enttäuschungen bezeichnen kann, und mittlerweile habe ich mich damit abgefunden. Aber darüber möchte ich nicht mit Linda reden, weil ich darüber überhaupt nicht reden will. Und darum gehe ich zur Bar und bestelle zwei Bier.

An der Theke treffe ich den Wollersheim-Klaus: «Bianca, ich hab einen total guten Witz auf Lager. Der ist so witzig. Also los, ich fang dann einfach mal an. Also, sitzt ein gutaussehender Mann an der Theke in einer Bar. Kommt eine Frau zu ihm und fragt: ‹Ficken?› Sagt der Typ zu der Frau: ‹Joah!› Sagt die Frau: ‹Zu dir oder zu mir?› Sagt der Typ: ‹Weißt du was? Nach dem ganzen Gelaber hab ich schon kein' Bock mehr!›»

Ich muss sagen, den Witz finde ich ganz gut, obwohl er vom Wollersheim-Klaus ist. Ich sehe jetzt, wie Basti Wedelburg zur Tür reinkommt. Er trägt ein feines blaues Hemd und eine beige Hose, was ziemlich spießig aussieht. Aber sonst ist er noch schöner als damals. Groß und schlank, und seine Muskeln sind gut definiert.

«Sehr geehrte Absolventen des Jahrgangs 1999 des Glück-auf-Gymnasiums Dortmund-Derne», beginnt Herr Lilienthal jetzt seine Rede. «Wie Sie alle wissen, bin ich bereits pensioniert. Ich bin auch nicht gekommen, weil ich Sie alle so nett und interessant finde – im Gegenteil. Ich bin nur gekommen, weil es eh um die Ecke ist und ich mich hier auf Ihre Kosten betrinken kann.

Ich habe nicht vergessen, dass mir mal einer von Ihnen die Reifen zerstochen und ein Feuerzeug in den Auspuff geschoben hat. Ich habe auch damals schon gesagt, dass ich ein paar von Ihnen für dumme Penner halte. Und bestimmt fünf Leute, die hier im Raum anwesend sind, haben völlig zu Unrecht jemals das Abitur erhalten.

Und zum Abschluss wollte ich noch sagen, dass ich weiß, dass Sie mir den Spitznamen Lispel-Lilly gegeben haben. Und das finde ich so asozial, dass ich Sie am liebsten **63** dazu zwingen würde, meine alten Fußnägel zu essen.»

«Ähhh», sagt Stefan Vorbeck.

«Spasti!», schreit Klaus. Und jemand anderes: «Nicht einen Satz ohne Sprachfehler hinbekommen, aber Deutschlehrer sein!» «Marcel Reich-Ranicki hat auch einen Sprachfehler», sage ich zu Linda, und sie zuckt mit den Achseln. Ein paar Leute um uns herum regen sich über Herrn Lilienthals Rede auf, aber ich kann grad nicht, denn ich bin viel zu verwirrt. Bastian Wedelburg steuert auf mich zu.

«Hey Bianca, na du?», sagt er.

«Na du?», sage ich.

«Da hat es uns Lispel-Lilly mal richtig gegeben, was?»

«Hatte sich wohl was angestaut über die Jahre.»

«Ist ja toll, dich mal wiederzusehen, ganz toll. Echt.»

«Ja, das ist ganz toll.»

«Ich wäre eigentlich gar nicht hier, weißt du. Ich lebe ja mit meiner Familie in Shanghai, und wir feiern eigentlich immer da, aber dieses Jahr sind wir bei meinen Eltern, weil meine Mutter so stark Thrombose hat und nicht fliegen kann.»

Ich sage Basti Wedelburg, dass ich auch nur hier bin, weil mein Vater fürs Skifahren zu gebrechlich geworden ist.

«Bianca, es gibt da eine Sache, die ich dir immer noch mal sagen wollte!»

Bastian Wedelburg drückt mir ein Bier in die Hand, und ich merke, wie alles in mir pocht und pulsiert.

«Das mit den Getränken damals, das war echt toll von dir, dass du die für die Abiparty so günstig bei deinen Eltern besorgt hast.»

Ich warte noch ein wenig.

«Auf dich war einfach immer Verlass», sagt Basti Wedelburg, «bist 'ne Gute!» Und dann haut er mir so auf den Rücken wie einem Kumpel. Basti fummelt ein Lederportemonnaie aus seiner Hosentasche, klappt es auf und zeigt mir ein Foto. Auf dem Foto sind zwei kleine blonde Mädchen zu sehen. «Das ist die Ayleen-Sue, und die Kleinere ist die Sheyenne», sagt Basti. «Heißt das Kind von den Geissens nicht auch so?», frage ich. «Oder heißt die Sheyenne, damit sie sich auf Porsche Cayenne reimt?»

«Hä?», sagt Basti.

«Sag mal, bist du bescheuert? Warst du schon immer so bescheuert?»

«Was willst du denn jetzt?»

«Wir waren doch Freunde. Und das Einzige, was dir einfällt nach so vielen Jahren, ja, das ist: Auf dich war Verlass, und das ist hier ist Sheyenne. Und was ist das überhaupt für ein bescheuerter Name, Sheyenne?»

«Sag mal, hast du deine Tage?»

Ich lasse Basti stehen und suche Linda. Die steht an einem Stehtisch mit der Motorradfahrergang und trinkt einen Jägermeister nach dem anderen. Ich nehme mir drei Gläser vom Tablett und kippe sie hintereinander runter. Bastian Wedelburg. Was für eine Enttäuschung.

Linda flirtet mit Björn aus der Motorradgang, und als ich sie später frage, ob der immer noch bei den Hell's Angels ist, sagt sie: «Ist mir scheißegal.» Es folgen: Tanzmusik, zu viel Bier und belanglose Gespräche. Miriam erzählt mir was von Eigenheimfinanzierung, während die Rüthbaum einen Fortpflanzungstanz darbietet.

So gegen halb zwei gehe ich vor die Tür und zünde mir eine Zigarette an. Ich lehne mich gegen die Wand des Vereinsheims und schließe die Augen, aber dann wird mir schlecht, und ich lasse es sein.

Mittlerweile bin ich total betrunken. Ich muss aufstoßen vom ganzen Bier, mein Bauch drückt gegen die Strumpfhose, und ein paar Tränen laufen mir aus den Augen. Valerie Rüthbaum ist noch genauso schön wie damals. Basti Wedelburg auch. Wollersheim-Klaus hat seinen Humor behalten und Herr Lilienthal sein Sprachproblem.

Das Leben gaukelt uns vor, wir könnten uns ständig neu erfinden, alles erreichen, uns verwandeln, mehr sein, anders sein. Aber all diese Illusionen existieren nur, damit wir uns nicht hängenlassen. Letztendlich bleiben wir immer das, was wir sind. Das Einzige, was wir verändern können, ist unsere Perspektive.

Und als ich reingehe, um meinen Wintermantel zu holen, da schiebt Bastian Wedelburg gerade seine rechte Hand unter Valerie Rüthbaums Lederrock, und der DJ spielt «Life is Life», und ich wünschte, dass ich irgendetwas Dramatisches machen würde oder dass etwas explodiert. Aber ich gehe bloß.

Aus der Fremdperspektive sieht das so aus: Eine etwas dicke, schwarz gekleidete Frau, die etwas wankt, steigt allein in ein Taxi und fängt an zu heulen.

Weihnachten erlebe ich im Vollrausch. Meine Mutter schenkt mir eine Kollektion Chanel-Lippenstifte, 250 Euro und ein Buch mit dem Titel: *Online-Dating – Wege zum Traummann.*

Ab und an gehe ich mit unserem Hund Gassi, um eine Zigarette zu rauchen. Bernhard, Rudi, mein Vater und meine Mutter spielen UNO und essen Stollen. Abends trinken wir alle Weinbrand, und wenn mein Vater betrunken ist, dann sitzt er irgendwann nur noch so da und sagt: «Ja, ja.»

Am ersten Weihnachtsfeiertag sagt mir meine Mutter in der Küche, dass sie sich nach Enkelkindern sehnt. Und ich sage: «Der Rudi und der Bernd könnten ja ein Kind adoptieren.» Dann fängt meine Mutter an zu schluchzen und fragt, womit sie das verdient habe. Und als ich später meinem Vater davon erzähle, sagt er: «Die Mutti meint das nicht so.»

Einmal treffe ich mich abends noch mit Linda, und wir gehen ins Kreuzviertel und bewerfen das Auto von ihrem ehemaligen Verlobten mit Bioeiern. Wir treffen nicht besonders gut, aber so sechs, sieben Eier landen schon auf seinem Mistauto. «Du Eierkopf mit deinen Eierhoden!», schreit Linda, und als oben in seiner Wohnung das Licht angeht, ziehe ich Linda davon.

Am 27. Dezember bringen mich meine Eltern zum Zug und sagen, wie sehr sie mich liebten und wie schön es gewesen sei. Sie schenken mir noch eine Schachtel Weinbrandbohnen in Schokolade. Und als ich im Zug sitze, schaue ich drei Stunden und zwanzig Minuten aus dem Fenster. Schneefelder rauschen an mir vorbei. Neben mir nickt eine Oma ein. Später schenke ich ihr die Weinbrandbohnen.

Als ich meine Wohnungstür aufschließe, riecht es nach Pasta und gerösteten Pinienkernen. Tonio sitzt nackt in meiner Küche, nur an den Füßen trägt er Wollsocken, und auf seinem Schoß liegt ein Kissen, und darauf liegt eine Katze. Tonio sagt: «Mia bella e graziosa, ich habe dich vermisst, und ich habe was verstanden: Ti amo.»

Und ich denke mir, spinnt der jetzt? Und ich bleibe im Türrahmen stehen und fange hysterisch an zu lachen. Und dann sagt Tonio: «Bella, machen Tür zu, is kalt.»

Und dann ziehe ich die Tür hinter mir zu, und Tonio

und ich erkennen einander und lieben uns die ganze Nacht, und die Katze taufen wir auf den Namen Katze-wiejacke.

Und ich weiß jetzt auch nicht, wie ich Ihnen das besser beschreiben soll, aber seit diesem Tag jedenfalls ist Berlin schöner denn je.

TAG DER EINSAMEN TANTEN

E gal, wo du wohnst, und egal, wer du bist, am Sonntag steht die Stadt still. Die Fußgängerzonen sind leer und die Straßen. Es scheint, als hätte das Leben etwas Geschwindigkeit verloren, etwas Geschäftigkeit geschluckt. Selbst Gott, wenn man an ihn glauben mag, lässt einen Sonntag im Stich. Er schläft.

Menschen mit Familie widmen sich sonntags ebendieser. Sie bauen Drachen, schauen Animationsfilme und gehen in Parks mit Hängebauchschweinen. Wer keine Familie hat, dem fällt das vielleicht am Sonntag ein wenig mehr auf.

Der geht Samstagabend in die Kneipen dieser Welt und wacht sonntags melancholisch auf. Der stellt sich Fragen, vor denen er an Werktagen davonläuft. Der Sonntag ist der Heiligabend der Woche.

Was also macht man in einer stillstehenden Stadt? Man kommt zur Besinnung und findet sich allein wieder.

«So einsam wie ich mich an einem Sonntag fühle, könnte ich an einem Montag niemals sein», sagt Clivia. Sie sagt gerne dramatische Sätze, und weist man sie darauf hin, entgegnet sie stets: «Ich bin schließlich Schauspielerin.»

Clivia sitzt auf der Cordcouch von Merle, auf der auch

Merle sitzt. Auf dem Teppich liegt Lia in einer Position, in der die Fernsehkommissare immer Wasserleichen finden.

Merle, Lia und Clivia sind Anfang 30 und drei wunderschöne Großstadttanten. Sie sind kreativ und beliebt. Sie haben gute Kontakte in die kulturelle Szene der Stadt. Sie trinken Mexikaner mit Menschen, die Wikipediaeinträge haben. Ihr Leben ist ein Fest. Wenn da nicht die Liebe wäre.

Sonntag also, ein Tag wie jeder andere, nur eben etwas einsamer. Man trinkt Tee, hört Platten, isst Pizza und bekämpft den Alkoholblues. Um 20:15 Uhr schaut man *Tatort*. Kommt *Polizeiruf 110*, sind alle richtig schlecht drauf.

«Ich liebe den Sonntag zu zweit, und ich hasse ihn allein», sagt Lia. «Ich kann nicht mal schwimmen gehen, weil die Pärchen im Solebecken knutschen. Uah.»

«Was würde Erasco mit den Ein-Portionen-Suppen machen, wenn es uns nicht gäbe?», fragt Merle. «Ich befürchte, wir ernähren eine ganze Industrie.»

«Letzte Woche habe ich Tillmann angerufen», sagt Clivia. «Er hat gesagt, dass ich mich mal zusammenreißen soll.»

Clivia weint jetzt wie eine sterbende Diva, aber emotionale Ausbrüche gehören zum Sonntag wie Junkfood. Merle streichelt Clivia den schmalen Rücken und sagt, sie habe was von einem Film gehört, den man sich unbedingt besorgen müsse. *Alle Tage ist kein Sonntag*, heiße der. Das sei ein deutscher Spielfilm von 1959, und der beruhe auf der Novelle *Zwei Gitarren* von Wolodja Semitjow.

Jede der einsamen Tanten trägt einen Namen aus der

Vergangenheit mit sich herum, der sie von Zeit zu Zeit zum Weinen bringt. Der Name ist schwer, so schwer wie diese Betonwürfel, mit denen die Mafia unliebsame Menschen entsorgt. Clivias Klotz heißt Tillmann. Lias Jonas. Merles Herz beschwert ein Karl.

Die Namen der Männer hindern die Großstadttanten am Vorankommen. Sie wollen nicht untergehen, aber sie kommen so auch nicht weiter. Also halten sie sich aneinander beim Stillstehen fest.

Jede hat so ihre eigenen Überlebenstipps. Merle besitzt ein Notizbuch, in dem sie genau dokumentiert, wann ihr etwas Freude gemacht hat und / oder sie zum Lächeln gebracht hat. Der letzte Eintrag stammt von vorgestern. Da stand auf dem U-Bahn-Schild der Linie U2 nach Mümmelmannsberg: «Ersatzverkehr mit Busen». Sie hat auch ein Handyfoto davon gemacht:

Clivia und Lia lachen. Ersatzverkehr mit Busen. Das ist schon witzig. Merle sagt, dass sie im letzten Monat schon fünf Einträge habe und dass das eine gute Quote sei. Natürlich hat Merle noch mehr Überlebenstricks. Sie trinkt kein Carlsberg mehr. Sie meidet Städte wie Karlsruhe. Sie ist froh, dass Karstadt pleite ist. Sie kann Wörter mir Karl, Kar, Carl nicht mehr ertragen. Sie tun ihr weh.

Merle kannte Karl fast ihr ganzes Leben. Sie gingen auf dieselbe Schule, wurden mit 19 ein Paar. Sie zogen nach dem Abi gemeinsam von Bremen nach Hamburg. Sie küsste Karl mit Dreadlocks, Rastas, mit roten, grünen und aus Versehen orangefarbenen Haaren.

Aus Karl, dem Musiknerd, wurde mit den Jahren ein bekannter Underground-DJ für elektronische Musik. Merle machte sich als Yogalehrerin selbständig. Sie zogen zusammen und kauften sich von der Kohle für Karls ersten Plattenvertrag ein Wasserbett.

Wenn Merle nachts neben Karl auf dem DJ-Pult stand, dann schauten alle hoch. Merle, aschblond, elfengleich im glitzernden Minikleid. Karl, verschwitzt und ein wenig verdrogt, aber immer verliebt in seine Merle. «Meine Merle Perle» nannte er sie. Es gibt sogar ein Lied auf seinem ersten Album, das so heißt. An seinem rechten Handgelenk fliegt eine Möwe in Form eines M. Karl wollte immer einen Beat machen, der ausdrücken sollte, was er für Merle fühlt. Aber es gelang ihm nicht.

Fast 12 Jahre waren die beiden ein unglaubliches Paar. Sie erlebten alles gemeinsam: die ersten Absagen von Plattenlabels, die ersten großen Festivals, die ersten Partys im Ausland. Wochenlang Ibiza für lau, später sogar New York. Dann wieder keine Auftritte, nur Träume. Manchmal aßen sie tagelang nur Toastbrot mit Schmierkäse. Es kümmerte sie nicht.

Merle kam immer mit und glaubte an Karl. Sie hielt ihre Liebe für eine Konstante. Dem Klischee, dass alle DJs mit den Partymädchen schlafen, trotzte Karl. Er schlief 12 Jahre lang nur mit Merle.

Wenn sie sich stritten, dann darüber, dass Karl nie die Käsepackungen zudrückte und der Käse im Kühlschrank deshalb immer so orange und hart wurde. Oder darüber, dass er nie das benutzte Kaffeepad aus der Maschine nahm und die Maschine deshalb nach feuchtem Hund roch. Aber beides, das wussten sie, war sehr wenig im unendlichen Universum der Dinge, über die man sich streiten kann.

Aber Karl hatte sich verändert in den letzten Monaten. Merle glaubte, dass es auch an den Amphetaminen lag. Wenn er morgens nach Hause kam, machten ihr seine großen Pupillen Sorgen. Merle lebte gesund. Sie aß keine Tiere, nahm nie Drogen. «Karl», sagte sie oft, «hör doch damit auf.» Sie wusste um die Verlockungen der Nacht. Sie machten ihr Angst.

Sie versuchte, wann immer es ging, eine Insel zu sein, ein Zuhause. Sie strickte Karl Socken und deckte ihn zu, wenn er heimkam und nach Nikotin und Nacht roch. Sie drückte ihr Becken an seinen Rücken, umklammerte ihn.

Karl wurde trotzdem immer komischer. Er kehrte in sich selbst ein. Einmal ging er freitags zum Auflegen aus dem Haus und kam erst Montagmorgen wieder. Merle sagte: «Schön, dass du wieder da bist.» Karl sagte: «Kannst du nicht wenigstens ein einziges Mal wütend sein?»

Oft war er es, der ohne Grund aggressiv wurde. Er verbrachte mehr Zeit als je zuvor in seinem Musikstudio. Früher hatte er sich manchmal abends einfach in Merles Yogakurse gesetzt, hinten in den Rattansessel, und die Beine überkreuzt. Er hatte dagesessen und sie angeschaut.

«Karl, was hast du?», fragte sie ihn.

«Nichts», sagte er.

«Sicher?»

«Ja.»

«Ich glaube dir nicht.»

«Hör doch auf!»

Monate schlichen wie Banditen. Irgendetwas stimmte nicht.

Nur was?

Abendbrot. Merle in der Küche. Karl in der Tür. Es war ihr zwölfter Jahrestag. Merle machte Sushi. Sie trug ein kurzes Kleid und hatte ihren Schambereich rasiert.

«Karl, ich brauch noch etwa eine Stunde mit dem Essen.»

«Merle, ich bin ein anderer geworden.»

«Karl, du warst immer mal ein anderer.»

«Aber nicht so ein anderer.»

«Was soll das bedeuten?»

«Merle ...»

«Ja?»

«Es geht nicht mehr.»

«Was?»

«Wir.»

«Wovon redest du?»

«Es sind schon Monate.»

Sie stand bloß da. Vor ihr unfertige Sushirollen vegan. Es sollte ein schöner Abend werden.

«Es tut mir leid.»

Und als Merle dann auf Karl zulief und ihn umarmte und er die Arme nicht bewegte, sie nicht um sie schlang, so wie sonst, als sie einfach herunterhingen und Karl gar nichts sagte und tat, da klammerte sie sich an ihn und schrie, wie er sie noch nie hatte schreien hören. Und als er anfing zu weinen, da wusste sie, dass es kein Missverständnis oder Irrtum, sondern ein Ende war.

14. Mai 2013. Karl ging.

Auch Jonas ging im Mai, aber Lia ist anders als Merle. Ihr Überlebenstrick ist die völlige Verdrängung. Nachdem Jonas sie wegen einer anderen verlassen hatte, hat sie all seine Sachen verbrannt. Seine T-Shirts, seine Socken, seine Zahnbürste (hat ekelhaft gestunken). Sie verbrannte auch den Lattenrost, auf dem sie miteinander schliefen.

Ihr markantes Gesicht hat eine neue Härte bekommen seit der Trennung. Zwischen den Augenbrauen sitzt sie und über der Falte an ihrem Mund. Sie sagt jetzt öfter als früher: «Ach fuck!»

Lia ist freie Musikjournalistin. Sie schreibt CD-Kritiken für Independent-Magazine. Und sie verurteilt sich selbst genauso hart wie andere. «Ich war Jonas nicht geil genug», erzählt sie allen, die sie nach dem Grund für die Trennung fragen.

Die Haare auf der rechten Seite ihres Kopfes hat sie, nachdem Schluss war, abrasiert. Links fällt noch eine lange, hellblonde Mähne über ihre Schulter. Das sieht ungewöhnlich, aber ziemlich cool aus, vor allem zu Lederjacke. Und Lia trägt immer Lederjacke.

Jonas ist Bassist der Band Riesenflop, über die Lia vor einem Jahr ein Porträt schreiben sollte. Sie schrieb, dass Riesenflop der «aufgehende Stern am Elektropophimmel» sei. Eine «echt abgefahrene Live-Performance bietet» und das «neue Gesicht einer Generation» werden könnte. Nichts davon trat ein, aber Lia und Jonas wurden nach einer Nacht mit vielen Mojitos ein Paar.

Lia redet nur selten über Jonas, obgleich sie nicht minder traurig als Clivia ist. Aber sie begegnet Verletzungen mit Abstand, Arbeit und Alkohol. Das ist ihr Panzer.

Clivia hingegen leidet laut und leidenschaftlich. Niemand sieht so schön aus, wenn er leidet, wie Clivia.

Tillmann hat Clivia verlassen, weil er ihre Egomanie nicht ertragen hat, ihr Geltungsbewusstsein, ihren Narzissmus. Alles drehte sich immer nur um Clivia. Bis zu der Trennung fand Clivia Tillmann eigentlich nur mittelmäßig gut. Sie hat ihn auch zwei Mal betrogen, aber jetzt jedenfalls, wo Schluss ist, da fehlt er ihr.

«Verstößt», schreit Clivia in die Runde, «Liebeskummer nicht gegen alle Regeln der Evolution? Ich meine, es ist doch im Sinne aller, dass die Liebe hält, man Kinder kriegt und die Kinder in stabilen Beziehungen aufwachsen?»

«Nein», sagt Lia und öffnet eine Flasche Weißwein.

«Du trinkst zu viel», sagt Merle.

«Ich habe Chlamydien», sagt Lia. «Und das, obwohl ich seit einem halben Jahr nicht mehr gevögelt habe. Ich habe dem Arzt gesagt, dass ich keine Geschlechtskrankheit haben kann, weil ich keinen Geschlechtsverkehr habe. Er hat komisch geguckt und gesagt, ich könne sie auch aus dem Schwimmbad haben.»

Clivia sagt, dass das Modell der romantischen Liebe längst überholt sei, das habe schon Marilyn Monroe gewusst. Die hat nämlich gesagt, sie habe zu viel Phantasie, um eine Hausfrau zu sein.

«Ich will nicht rumhuren», sagt Merle.

«Was willst du dann?»

«Karl.»

Clivia seufzt.

«Merle, ich kenne bestimmt 30 Typen in dieser Stadt, die ziemlich viel dafür tun würden, um nur ein einziges Mal mit dir zu schlafen. Und du, du willst immer noch Karl. Du bist viel zu gut für diesen Typen. Der konnte nicht ertragen, wie gut du warst. Kapier das mal.»

Merle zuckt mit den Schultern.

«Hör zu», mischt sich jetzt Lia ein, «du kennst doch die Hürrem, die hat mir gesagt, es gibt ein türkisches Sprichwort, und das geht so: Männer sind wie Kaugummis. Einmal ausgespuckt, hebt man sie nicht mehr von der Straße auf.»

Merle sagt, dass nicht sie Karl verlassen habe, sondern Karl sie und dass dann sie der Kaugummi auf der Straße sei.

Um von Karl abzulenken, erzählt Lia, dass sie dieses Lied von Gisbert zu Knyphausen umgedichtet habe. Statt «Melancholie» singe sie jetzt immer: Onanie. Und dann laute der Songtext so:

78   *Ach so klappt das nie,*
Onanie,
so klappt das nie.

Ich mein, du weißt ja,
eigentlich mag ich dich
sehr gerne.
Wenn du nur ab
und zu mal deine Fresse halten würdest.
Komm, sei endlich still,
Onanie,
sei endlich still.

«Ach Lia», sagt Merle, aber Lia lacht nur laut, und Clivia, die heult schon wieder, aber dann ist es zum Glück schon fast acht, und der Pizzamann schellt, und es kommt der Sonntagskrimi, ein *Tatort* aus Köln.

Den Sonntag darauf klingelt Clivia schon mit roten Augen, und diesmal liegt das nicht nur an Tillmann. Sie spiele jetzt noch in einer Performance-Oper mit Megaphonen mit, und dann sei Schluss mit Engagements. In den nächsten Monaten stehe kein einziger Job an, sagt sie.

«Ach fuck!», sagt Lia und öffnet eine Flasche Weißwein. Merle streichelt Clivias schmalen Rücken. Dann hören sie ein bisschen Bon Iver, weil man fast nichts so gut hören kann wie Bon Iver, wenn man richtig traurig ist. Der Sonntag ist einfach ein trauriger Scheißtag.

Später erzählt Merle, dass sie vom Schimmo, dem Besitzer vom Soundcafé um die Ecke, angesprochen worden sei, ob man nicht beim Flohmarkt nächste Woche mitmachen wolle. Merle hält das für eine gute Idee. Clivia heult, und Lia sagt, sie habe nichts zu verkaufen, aber von ihr aus.

Am nächsten Sonntag stehen Merle, Clivia und Lia an einem Tapeziertisch vor dem Soundcafé. Clivia trägt so einen Hut, wie Frauen ihn immer bei Pferderennen tragen, und dazu ein hellgrünes Etuikleid. Merle trägt eine weiße Yogahose und Lia wie immer Schwarz.

Die Sonne drängt sich sanft durch die Wipfel der Bäume. Man baut eine Kleiderstange auf, sitzt auf Klappstühlen und trinkt Kaffee. Clivia raucht dramatisch eine Zigarette nach der anderen und verkauft sinnlosen Schauspiel-Kram. Federboas, Plateauschuhe, geklaute Lippenstifte in grauenvollen Farben. Lia verscherbelt ein paar ihrer Rezensionsplatten, auch wenn das verboten ist, und Merle hat den Dachboden von sich und Karl entrümpelt.

Der Tag scheint zunächst ein bisschen weniger einsam zu sein als die anderen Sonntage. Viele alte Freunde halten am Stand an. Merle bekommt Komplimente. Lia führt Expertengespräche über Musik und setzt ihre Meinung absolut. Clivia kauft sich bei der Regieassistentin nebenan eine gebatikte Seidenbluse für kleines Geld.

Aber dann, man isst gerade frische Brombeertorte, kommt Tillmann zufällig am Stand vorbei. An der Hand ein blondes, modisches Mädchen. Clivia schreit und wirft aus Verzweiflung mit Brombeertorte nach ihm, trifft aber bloß das modische Mädchen.

Clivia und das Mädchen gehen aufeinander los. Daraufhin knallt Tillmann Clivia eine, und dann kommt Lia und zieht Tillmann eine über, und alles ist grauenvoll. Es gibt Zuschauer an den anderen Ständen, die rhythmisch schreien: «Frauen-Catchen, Frauen-Catchen!» Schimmo kommt und zieht alle auseinander, und dann gehen Tillmann und das Mädchen schnell weiter. Schimmo nimmt Clivia in den Arm. Ihr Etuikleid ist am Ausschnitt gerissen. Merle sagt, sie mache es ihr wieder heil.

Als sich alle beruhigt haben, packen die einsamen Tanten ihren Kram zusammen und kaufen vom eingenommenen Kleingeld ein bisschen Cannabis beim schwarzen Mann. Abends liegen sie wieder auf der Cordcouch von Merle, und Clivia schreibt eine SMS an Tillmann, obwohl ihr die anderen davon abraten. Dann fragt sie in die Runde, ob irgendjemand die neue Freundin von Tillmann hübsch fand, was aber alle eilig verneinen.

Lia dreht einen Joint, und jeder inhaliert ein paar Züge, selbst Merle, die doch nie Drogen nimmt und schlimm anfängt zu husten. Und dann kommt auch schon der *Tatort* und es ist fast wie immer, nur dass man beschließt, dass das mit dem Flohmarkt eine Scheißidee war.

Den Sonntag darauf hat Merle Geburtstag. Man hat vegane Brownies besorgt und ein Buch für sie auf Amazon bestellt. *Das Land ohne Sonntag – Sowjetrussland vom Auto aus. Tageblätter und Berichte.* «Danke schön», sagt Merle mit Dekolleté und Glitzerpapphut in die Runde und schenkt Champagner aus. Später piept ihr Telefon. Es ist eine SMS von Karl: «Alles Gute! K.»

«Kackarschkatastrophenkotzkarl», sagt Lia.

«Das bleibt», sagt Merle, von zwölf Jahren Liebe. «Alles Gute, ein K und ein Punkt.»

Nach einer Weile wirft Clivia den Kopf zurück und schreit: «Und was bleibt uns?»

Niemand in der Runde findet eine passende Antwort, dann gibt sie wie immer die fortschreitende Zeit.

Auf einem Werbespot-Dreh für eine neue Buttermilch mit Mokka-Pfefferminz-Geschmack verliebt sich Clivia in den Aufnahmeleiter. Dieser ist viel jünger als sie und hat eine Freundin. Der Aufnahmeleiter macht mit der Freundin Schluss, die (Ex-)Freundin, ein wunderschönes Mädchen, leidet fortan an fürchterlichem Liebeskummer. Clivia nicht mehr. Sie stolziert mit dem Aufnahmeleiter und rotem Mund über rote Teppiche.

Tillmann sieht eine Aufnahme der beiden in der Gala,

die seine neue Freundin liest. Er ist selber überrascht, dass es ihn trifft. Die neue Freundin merkt das, und es kommt zum Streit.

Der Aufnahmeleiter zieht bei Clivia ein. Sie liegen im Bett und lieben sich stundenlang. Clivia sagt dramatische Sachen. Der Aufnahmeleiter schreibt Clivia schlechte Gedichte. Immer öfter sagt Clivia den einsamen Tanten am Sonntag ab. Irgendwann ist sie für einen Dreh im Ausland, danach meldet sie sich gar nicht mehr.

Ein paarmal treffen sich Merle und Lia noch allein, aber es ist einfach nicht mehr so, wie es vorher war. Alle drei sind noch Freunde, aber irgendwann zelebriert einfach niemand mehr den Tag der einsamen Tanten. Es fühlt sich falsch an. Einmal sagt Lia zu Merle, das sei jetzt vielleicht gemein, aber früher hätte Clivia nicht mit einem Aufnahmeleiter geschlafen, sondern mit dem Regisseur. Merle sagt daraufhin, dass Menschen sich ändern können. Lia sagt: «Ticktack.»

Lias Liebeskummer verschwindet völlig unerwartet von einem Tag auf den anderen. Erst quälte er sie monatelang, dann geht er, ohne sich zu verabschieden. Es ist, als hätte jemand die Reset-Taste gedrückt. Alles auf Anfang.

Merle hingegen beschließt, dass sie wegmuss, um über Karl hinwegzukommen. In Hamburg ist er überall. Auf den Plakaten liest sie seinen Namen. In den Läden sieht sie seine Platten. Sieht sie eine Möwe, dann denkt sie an das «M» auf seinem Handgelenk. Sie will in ein Land ohne Karl und ohne Sonntage, was sich als nicht leicht herausstellt, denn die Zählung in Stunden, Minuten und Sekunden hat sich fast auf der ganzen Welt durchgesetzt.

Merle gibt die Yoga-Schule in die Hände einer lieben Kollegin und wandert auf eine Andamanen-Insel im Indischen Ozean aus. Die archaisch lebenden Menschen dort, so erzählte man ihr, hätten eine andere Zeitrechnung als die Europäer. Ein Tag hat keine 24 Stunden, folglich gibt es keine Wochentage. Um zu wissen, was für eine Jahreszeit ist, riechen die Einheimischen an den Blumen, die gerade blühen. Sie haben keine andere Vorstellung von Zeit außer der ihres Nasenkalenders. Die Einheimischen sagen Merle, dass sie aufhören soll zu warten. Denn wer wartet, steht still. Merle schreibt auf eine Postkarte an Lia und Clivia, es gehe ihr ganz wunderbar.

Sie schreibt auch eine Karte an Karl, zwei Wörter nur.

«Leb wohl!»

Dann ein L.

Und einen Punkt.

DER RÖDERINGER

ch stand bei mir zu Hause an der Aral-Tankstelle und fütterte meinen Mini Cooper mit Super-Plus-Benzin, als ich ihn sah. Er schlich durch die Straße wie ein räudiger Hund. Den Rücken gebeugt, den Kopf gesenkt. Die Haare hingen ihm im Gesicht in fettigen Strähnen.

Der Röderinger lief zwischen den Zapfsäulen quer über die Tankstelle. Er trug einen Nerzmantel, der ihm viel zu klein war. Seine nackten Arme schauten an den Pelzärmelenden raus. Die Handgelenke waren dünn und blass wie zwei weiße Knochen, und das sah wirklich ein bisschen gruselig aus so im Neonlicht der Tankstelle.

Der Röderinger war bei mir in der Stufe gewesen, wir nannten ihn Rö. Rö, der Große. Über zwei Meter ist er, und er war schon immer ein bisschen seltsam. Das kommt, wenn man mit dem Kopf immer in den Sternen läuft, sagte der Röderinger, da sei die Luft viel dünner, da würde man zwangsläufig ein bisschen verrückt.

Rö war der Sohn vom Oberarzt Dr. Röderinger, und das macht das Ganze jetzt nicht leichter. Der konnte ihm auch nicht helfen, raunen sich die Leute zu, wie sie immer raunen in den Käffern, in denen jeder jeden kennt.

«Rö», schrie ich. «Elisa, edle Dame», sagte der Rö und blieb stehen. Seine Augen flatterten.

«Was trägst du da für einen Pelz?»

«Der Mensch braucht ein dickes Fell», sagte der Rö. «Und wenn er selbst keins hat, dann muss er es sich von den Tieren leihen.» In der Hand hielt er eine Sprühdose. Und unter dem Mantel schaute eine Umhängetasche raus.

Er sagte, tja, ja, er habe gut zu tun. Er dürfe nicht zu viel verraten, es handle sich um ein künstlerisches Projekt. Er sei jetzt nämlich Performancekünstler. *Pink Explosion Glitter Happening* nenne er seine Mission, und sich selbst nenne er Monsieur Regniredör.

Alles, was grau und hässlich sei, sprühe Monsieur Regniredör nachts pink. Die Mülltonnen an den Bushaltestellen zum Beispiel. Aber auch Stromkästen, Straßenschilder und Einfahrtspfeiler. Rö sagte, es gehe darum, die Welt bunter zu machen und die Menschen glücklicher. Ich wandte ein, dass der eigene Nachname rückwärts kein gutes Synonym für eine illegale Angelegenheit sei, aber das ignorierte er.

«Rö», sagte ich, «stimmt es, was die Leute sagen, bist du wieder oben im Havelkamp zur Therapie?» «Ab und an», antwortete der Röderinger. Ab und an sei er da, ja, ja. «Bisschen Kochtherapie und Bewegungstherapie und Maltherapie.»

«Nimmst du denn noch was?»

«Ein bisschen Glück dann und wann, ja, ja.»

«Lass den Scheiß doch, Rö», sagte ich. «Geh doch weg zum Studieren. Du musst weit weg von den ostwestfälischen Drogenlieferanten. Hau doch ab, Rö! Die zeigen dich bloß wieder an, und dann musst du Sozialstunden machen.»

«Bin ich von befreit», antwortete Rö. «Wenn du einen an der Kappe hast, musst du keine Sozialstunden mehr ableisten.»

«Ja, aber stört dich das Gerede nicht?»

«Du, Elisa?»

«Hmmm, ja?»

«Das, was ich über das Pink mache auf die Mülltonnen, ne, also das ist eigentlich gar kein Glitzer.»

«Sondern?»

86 Der Röderinger beugte sich ganz nah an mich ran, und ich roch Schnaps in seinem fauligen Atem, und dann raunte er: «Sternenstaub!»

Ich wusste nicht, was ich sagen sollte. Es machte «Klick» neben mir, und der Röderinger schrie: «Vollgetankt!» Hinter mir hupte es.

«Rö», sagte ich, «hör zu, ich wollte bald mal die Sarah besuchen in London. Mit der hast du doch auch noch Kontakt. Ihr wart doch immer so dicke, komm doch einfach mit. Die Sarah fragt immer nach dir, und du musst mal raus hier. Bitte, Rö, komm doch mit.»

Sarah und Rö konnten sich immer schon gut leiden, weil sie einander ähnlich wahnsinnig waren. Nur hat die Sarah die Kanalisierung ihres Wahnsinns besser hinbekommen. Außerdem blieb sie bis auf ein paar Joints weitestgehend drogenfrei. Im Gegensatz zu Rö, der schon auf meinem 14. Geburtstag vom Notarzt abgeholt werden musste, weil er sich LSD in seinen Blue Curaçao mischte.

Rö antwortete, dass er mal schauen müsse. Er mache gerade einen Spiegel aus Speckstein in der Ergotherapie, den müsse er eigentlich noch fertig schmirgeln. Außerdem habe er kein Geld, nicht einen Pfennig, gehe alles für Stoff und Sprühdosen drauf.

Der Rö wiegte seinen Kopf hin und her und sagte schließlich doch: «Mal sehen, ich melde mich, ich muss jetzt los, habe zu tun, war sehr schön, mit dir geredet zu haben.» Und als ich ihm noch hinterherrief, ob ich ihn nicht irgendwo absetzen sollte, da schritt er schon davon.

* * *

Am nächsten Morgen klingelte mein Handy.

«Hallo, Elisa, hier ist der Joachim Röderinger. Ich bin der Vater von Sebastian. Der Sebastian bat mich um Geld, weil er gerne, wie er angab, für ein langes Wochenende mit dir nach London fliegen will.»

«Ja, ich habe ihn gefragt, ob er mitkommt, die Sarah Liebermann besuchen, die kennen Sie doch sicher auch noch.»

«Also Elisa, hör zu, du weißt ja wahrscheinlich von den großen Problemen mit unserem Sohn. Wenn der Leiter vom Havelkamp nicht ein alter Tennisfreund von mir wäre, dann dürfte der Sebastian da schon längst nicht mehr sein. Der hat nämlich immer wieder positive Urinkontrollen.»

«Oh.»

«Ich würde dem Sebastian das Geld für den Ausflug nach London geben, aber ich muss mich darauf verlassen können, dass ihr auf den Sebastian aufpasst.»

«Das machen wir. Wissen Sie, ich glaube, es tut ihm gut, auch mal rauszukommen. Ich würde mit ihm an der Themse spazieren gehen und aufpassen, dass er nichts nimmt.»

«Ach Elisa», sagte Dr. Röderinger und seufzte. Ich hielt mein Vorhaben schon für gescheitert, da sagte er:

«Wenn du versuchst, ihn wieder heil mit nach Hause zu bringen, bin ich einverstanden mit dem Ausflug.»

«O. K.»

«Gut, dann gebe ich ihm das Geld. Grüße an deine Mutter!»

«Ja, danke.»

«Wiederhören.»

«Wiederhören.»

* * *

Wir buchten alsbald zwei Flüge für das letzte Wochenende im April. Rö sprach mit seinen Ärzten und schmirgelte am Specksteinspiegel. Die Warendorfer Nachrichten titelten: «Vandalismus – Unbekannte Täter verschandeln das Dorf». Ich schrieb eine Seminararbeit über den Einsatz deutscher Soldaten in Afghanistan.

Am Morgen des Abflugs holte ich Rö vor der Tür seines

Elternhauses ab. Er hielt ein dickes Paket im Arm und trug seinen zu kleinen Pelz und einen zu kleinen Rucksack. Am Küchenfenster stand seine Mutter und winkte.

Rö setzte sich im Auto eine Leopardensonnenbrille auf. Er sagte: «Let's go Party!», und ich schob eine CD rein, und wir hörten zur Einstimmung auf den Londontrip die Babyshamblers, und Rö rülpste die Melodie. Es sah alles nach einem guten Anfang aus.

Am Flughafen Münster/Osnabrück parkte ich mein Auto, und wir liefen zum Terminal. «Rö, du hast keinen Stoff dabei, oder?», fragte ich ihn. «Nee, nur ein paar Tabletten, die darf ich aber haben.» «O.K.»

Wir holten unsere Bordkarten und gaben unser Gepäck auf. Während der Personenkontrolle weigerte sich Rö, seine Schuhe auszuziehen, mit der Begründung, seine Füße würden stinken, aber schließlich gab er nach.

Bevor wir an Bord gingen, kaufte ich noch eine Flasche Moët im Duty-free-Shop, und dann tranken wir noch eine Cola in einem von diesen überteuerten Flughafencafés, und Rö erzählte mir von der Klapsmühle und dass die Maltherapie bei Herrn Michalsky richtig schlimm sei. Letztens zum Beispiel, da habe er den Aasee gemalt, weil er den so schön finde und weil jeder malen sollte, was er wollte.

Er habe also den Aasee gemalt und den Fußweg drum herum und auch diese eine Stelle, wo immer die Boote anlegen vom Segelverein, da, wo dieser lange Steg sei. Und das jedenfalls habe er alles so schön gemalt und sehr aufwendig, eine Stunde lang etwa, und dann habe Herr Michalsky sein Bild hochgehalten und gesagt: «Herr Röderinger, Herr Röderinger, das macht mir aber Angst!»

«Was macht Ihnen Angst?», habe der Rö gefragt.

Herr Michalsky habe dann geantwortet, dass das nicht der Aasee sei, also eigentlich. Und er sei mit dem Zeigefinger über die Kontur des Sees gefahren und habe gesagt, er sehe da einen Kopf, also das sei wohl ganz deutlich die Form eines menschlichen Kopfes. Und dann sei er mit dem Zeigefinger über die Kontur des Fußweges gefahren und habe gesagt, das sei eine Schlinge. Und zum Schluss habe er auf den Steg getippt und ihm zugeraunt: «Herr Röderinger, die Schlinge zieht sich zu, etwas Platz ist noch, aber nicht mehr viel.»

Der Rö war jetzt richtig aufgeregt. «Elisa, das war aber keine Schlinge, das war auch nicht mein Kopf, das war der verkackte Aasee, Mann!», schrie er durch das ganze Flughafencafé. Ich nahm ihn in den Arm und drückte meinen Kopf gegen seine Brust. «Ist ja gut, Rö, ist ja gut.»

Als wir zum Gate liefen, fiel mir wieder auf, wie böse die Menschen Rö ansahen. Ob es daran lag, dass er so riesig war? Oder an dem Pelz? Sah Rö wirklich so gruselig aus, wie ihn die Menschen ansahen? Oder waren die Menschen, die ihn ansahen, so gruselig?

* * *

Wir landeten am Heathrow Airport und fuhren dann mit dem Express bis Paddington, wo Sarah auf uns wartete. Sie trug bunte Leggings und braune Boots und schrie vor Freude. Rö überreichte ihr den schweren Paketklumpen und lachte. Wenn er lachte, sah man, dass seine Zähne vergammelt waren.

Mit der U-Bahn fuhren wir zu Sarah. Sie wohnte nahe King's Cross in einer WG mit vier anderen Studenten. Die Wohnung war nicht sehr sauber und nicht sehr groß, aber uns kam sie genau richtig vor.

Sarah fummelte in der Küche am braunen Packpapier des Geschenkes rum und schrie wieder, als sie den Specksteinspiegel sah. Und das, obwohl er wirklich nicht schön war. Rö steckte sich eine Zigarette an. Eine Mitbewohnerin von Sarah setzte sich im BH zu uns an den Tisch. Rö gluckste ganz komisch. Ich machte die Flasche Moët auf.

Später liefen wir euphorisch durch die Stadt. Und Rö schrie «All diese Farben und Menschen. So viel Farbe und Menschen. Gott muss hier eine Maltherapie abgehalten haben, aber ohne Herrn Michalsky». Und Rö breitete die Arme aus und schrie noch lauter, dass Herr Michalsky ein Arschloch sei. Sarah sagte: «Eskalationsgefahr.»

Bei einem Inder in Brixton aßen wir zu Abend. Rö trank fünf Bier und kombinierte seine Tabletten mit Papadams und Curry. Wir gingen schon so gegen eins nach Hause, weil bis auf Rö alle müde waren.

In Sarahs WG-Küche saßen wir noch ein wenig zusammen und redeten über alte Zeiten, und Rö erzählte Sarah von Monsieur Regniredör und von der Klinik und von den ganzen Irren dort und von einer Frau, die schizophren sei und mit der er mal geknutscht habe. Sarah erzählte von der Uni und von einem Typen, mit dem sie letztes Wochenende rumgemacht hatte, und ich sagte, dass ich immer noch ganz glücklich sei mit meinem Hans.

Dann legte ich mich mit Rö auf die Auszieh-Klappcouch in Sarahs kleinem Zimmer, und Rö nahm eine Schlaftablette, und seine dünnen weißen Füße ragten ziemlich weit über die Couch hinaus. Ich sagte ihm, er solle sich die Zähne putzen, und er sagte, das mache er nie. Kurz bevor ich eingenickt war, legte Rö seinen Kopf an meine Schulter und fragte mich, ob ich den Hans liebte. Ich sagte ja. «Das ist schön», sagte der Rö.

Am nächsten Morgen standen wir früh auf und fuhren mit der U-Bahn nach Camden auf den Markt. Wir schoben uns in einem Mob Richtung Tageslicht. Die Sonne schien, und es roch nach fettigem Essen. Rö trug ein grünes T-Shirt und blieb beeindruckt vor den Punk- und Gothic-Läden stehen.

Sarah brachte uns pink glasierte Donuts, und ich holte Kaffee. An den Ständen brutzelten Hippies Gemüsepfannen. Camden ist Londons Stadtteil der verrückten Affen. Überall sind Punks und Musiker. Auf dem Markt werden Batikshirts und Hosenträger angeboten. Der große Rö mit seinen bunten Sachen überragte zwar immer noch die Menschen, aber er fiel trotzdem viel weniger auf als überall sonst. Er erstand einen roten Samtzylinder von einem Zauberer, der auf der Straße rumstand. Mit dem Zylinder sah Rö ein bisschen wie Johnny Depp in *Charlie und die Schokoladenfabrik* aus. Manchmal hielten jetzt Menschen vor ihm an und verneigten sich.

Irgendwann lief Rö in eine der tausend Tätowierstuben rein. Ich war kurz abgelenkt, weil Hans anrief. Als ich aufgelegt hatte und Rö nachlief, ließ der sich gerade «Monsieur Regniredör» auf den Unterarm tätowieren. Sarah stand daneben. Ich schrie: «Spinnt ihr?» Und Sarah fragte: «Warum?»

Später kaufte Rö seiner Mutter eine Tasse, die eine Bulldogge als Queen Mum zeigte. Dann sagte er, er habe jetzt kaum noch Geld, dabei hätte er eigentlich auch noch ganz gern ein Piercing. Ich sagte Rö, dass es jetzt reiche.

Wir nahmen noch einen Cocktail an der Brücke, der Alkohol stimmte uns wieder versöhnlich. Wir tanzten in der Frühjahrssonne zu alternativen Elektroklängen und fuhren am Nachmittag heim. Rö mit einem Zylinder auf dem Kopf und einem Verband um den rechten Unterarm.

Sarahs Mitbewohner kochten uns Beef mit Gemüse, und Sarah schlug vor, erst in einen Pub zu gehen und später ins «Old Blue Last», den Club vom *Vice*-Magazine im Norden der Stadt.

Wir duschten nacheinander bis auf Rö. Der zog sich nur ein verknittertes gelbes Hemd mit schwarzen Hosenträgern an und setzte sich seinen neuen Zylinder auf. Sarah und ich sagten Rö, dass wir froh seien, dass er mitgekommen war nach London, und dass wir sicher seien, dass er seine Drogensucht überwinden könne. Etwas blöd war, dass Sarahs Mitbewohnerin sich während des Gesprächs eine Nase auf der Induktionsplatte des Herds zog.

Im Pub tranken wir ziemlich viel ziemlich teures Schwarzbier ohne Kohlensäure. Sarah traf den Typen, mit dem sie letzte Woche geknutscht hatte. Diese Woche knutschte er mit einer anderen. Rö sagte, er sei überzeugter Pazifist, aber er biete sich an, ihm eine zu verpassen. Ich sagte nein, Sarah schrie irgendetwas mit Hämorrhoiden und Gesicht, dann gingen wir alle zum Glück in den Club.

94 Das «Old Blue Last» war voll, und die Luft roch nach Zigarettenqualm, Heizungsluft und Schweiß. Sarah bestellte drei Kurze und drei Bier. Wir kippten alles runter und gingen dann nach oben, weil jemand behauptete, dass dort eine Liveband spiele. Auf der Treppe trafen wir einen Mann, der eine Tetra-Packung Milch an der Leine hinter sich herzog und sagte, das sei sein «Pet».

Schon seit dem Morgen bemerkte ich eine interessante Wandlung, die Rö betraf: Rö mit seinem Pelz und seinen bunten Sachen und dem Zylinder wurde noch immer angestarrt, mittlerweile waren die Blicke, die er auf sich zog, aber nicht mehr abfällig, sondern fast anerkennend.

Wir waren noch keine zehn Minuten im «Old Blue Last», da steuerte eine sehr schöne Frau auf Rö zu und tanzte ihn an. Als ich auf Toilette ging, hörte ich eine andere sagen: «Check out the huge guy with the yellow shirt, he's fucking hot.»

Als ich wiederkam, stand Sarah lachend am Rande der Tanzfläche und reichte mir ein Bier. Der DJ schmiss Konfetti. Sarah sagte: «Ich glaube, Rö geht hier als deutscher Pete Doherty durch.» Tatsächlich vollzog sich ein seltsames Balzspiel im Epizentrum des Clubs. Dort stand Rö im gelben Hemd und Samtzylinder und tanzte in einer Art epileptischem Anfall.

Wie Planeten zogen mehrere dünne, gutaussehende Frauen ihre Tanzbahnen um unseren Rö. Sie zuppelten an seinen Hosenträgern und rieben ihre Hintern an seinen Oberschenkeln wie Bienen ihre Beine an Blüten. Rö zuckte und lachte und drehte sich im Kreis. Ich war mir bei ihm nie ganz sicher, wie er drauf war, weil ich keine Ahnung hatte, was für Tabletten er einschmiss.

«Sarah», sagte ich, «was passiert hier?» «Ich weiß es nicht», schrie Sarah, «aber es gefällt mir.» Dann gingen wir tanzen. Ein tätowierter Trompeter baggerte Sarah an, und ich traf einen Typen aus New Hampshire, der mich ständig fragte, wie ich seinen goldenen Anzug fände. Das Problem war bloß, er hatte keinen goldenen Anzug an.

Als ich mich umdrehte, knutschte Rö mit einem dunkelblonden Modelmädchen, das ein bisschen so aussah wie Kate Moss mit Oberweite. «Schau dir ihre Brüste an», schrie Sarah. «Schau dir Rö an», schrie ich. Wir standen da und konnten es beide nicht fassen.

So um vier Uhr morgens kam Rö mit dem Mädchen zu uns, seine langen Arme schlackerten an ihrem Po rum. Rö sagte, er würde gern mit dem Mädchen nach Hause gehen. Sarah schrieb ihm ihre Adresse auf und gab ihm ein paar Kondome und ein paar Pounds für das Taxi zurück mit.

Was dann passierte, lässt sich nur aus den spärlichen Sätzen, die wir am nächsten Tag aus Rö rausbekamen, rekonstruieren. Die Nacht muss sich in etwa wie folgt abgespielt haben: Als Rö in das kleine Modelapartment des schönen Mädchens reinfiel, rissen sie sich als Erstes die Kleider vom Körper. Den stinkenden Pelz kickte sie davon. Rö zerriss im Liebestaumel ihre schwarze Strumpfhose und stieß sich den Kopf an ihrem Rennrad.

96 Er knetete ihre warmen Pobacken in seinen bleichen Handflächen wie Menschenteig. Und das Mädchen, von dem er nicht mal den Namen wusste, stieß ihm ihren Whiskey-Atem ins Gesicht.

Die Welt erschien Rö in dieser Nacht selbst ohne Ecstasy, LSD oder Kokain so schön und bunt wie nie zuvor. Er vögelte eine Frau, von der er nicht mal geahnt hatte, dass es eine so schöne irgendwo auf der Welt überhaupt gab. Sie fasste seinen Körper, den er selbst so oft hasste, an wie etwas sehr Wertvolles, Begehrenswertes. Sie schien Gefallen an seinen langen Haaren zu haben und dem untrainierten, hageren Oberkörper. Sie stöhnte und schwitzte. Sie war der Porno seines Lebens.

Als er am Sonntag gegen 16 Uhr an Sarahs WG-Tür klopfte, applaudierten wir. Rö stank nach Schweiß und Sex, er riss sich den Zylinder vom Kopf und verneigte sich vor uns. Sarah schob ihn vom Flur aus direkt in die Dusche.

Am Montag gab ich Rö wieder bei seinen Eltern ab. Er war nicht zu Schaden gekommen, bis auf das bisschen Tinte an seinem rechten Unterarm und eine kleine Beule an der Schläfe. Seine Mutter weinte vor Freude. Rö überreichte ihr die Tasse mit dem Gesicht von Queen Mum als Bulldogge und küsste mich zum Abschied auf die Stirn.

Sebastian Röderinger, Sohn des Oberarztes Dr. Röderinger, geboren am Sommeranfang des Jahres 1985 in Warendorf nahe Münster, hat nie wieder so einen glücklichen Tag erlebt wie die Partynacht im «Old Blue Last» in London im April 2011. Alle Dinge, die er in seinem Leben stets schmerzlich vermisst hatte, vereinten sich an diesem Abend: Liebe, Anerkennung, hemmungsloser Sex, Freiheit.

Rö war vom Baum zum Hund geworden. Vom Gebeutelten zum Begehrten. So sehr man in der Provinz über seinen Stil lachte, so richtig schien er an diesem Abend, in diesem Club. Vielleicht gönnt das Leben jedem Menschen immer einen großen, warmen, womöglich perfekten Moment. Ich glaube, dass Rös Moment an diesem Abend war.

Sarah fragte mich Jahre später noch, warum Rö nach dieser Nacht nicht nach London gezogen war, aber ich wusste die Antwort nicht. Manches blieb uns bis zum Schluss ein Rätsel.

Rö starb kurz vor seinem 30. Geburtstag an einer Überdosis irgendwas. Es waren so viele verschiedene Stoffe in seinem Blut, dass es dem Gerichtsmediziner unmöglich war, herauszufinden, was ihn letztendlich dahingerafft hatte. Rös Herz hörte jedenfalls gegen sieben Uhr morgens auf dem Klo eines Goa-Clubs in Dortmund auf zu schlagen. Eine Putzfrau bulgarischer Herkunft fand ihn am späten Sonntagnachmittag.

Rös Eltern boten Sarah und mir an, uns ein Andenken aus Rös Kinderzimmer zu nehmen. Sarah nahm seine Bong. Ich den roten Samtzylinder und eine Prise Sternenstaub.

Zu Rös Beerdigung kamen nur wenige Leute. Rös Mutter hatte man unter Valium gesetzt. Rös Schwester stützte sie. Das Gesicht von Rös Vater hatte dieselbe Farbe wie der Grabstein. Eine Tante von ihm sagte, dass der Sarg eine Spezialanfertigung sei, weil der Rö so groß war, und dass es doch wirklich ein Ding sei, dass einer selbst tot seiner Familie noch Probleme machen könne.

Der Pfarrer sagte, dass Gott manche Schäfchen nicht retten könne, egal wie sehr er sie auch liebe. Dann spielten sie «Think Twice» von Celine Dion und behaupteten, es handele sich dabei um Rös Lieblingslied.

Sarah und ich schmissen statt Blumen den rot glänzenden Samtzylinder in sein Grab.

In meiner Erinnerung, da trägt Rö immer diesen Hut.

MICHAEL JACKSONS
MUTTER

Ich wache morgens auf, gehe aufs Klo und rieche direkt die Vanillenote in meinem Urin. Süßlicher Harn warnt vor Stress, so steht es in meinem Chakra-Buch. Tage, die so beginnen, enden nicht gut.

Ich sage meinem Spiegelbild «Guten Morgen, schöne Frau!» (Selbstachtung) und ziehe rote Socken an (Wurzelchakra / Erdung). An der Tür schellt es, aber ich mache nicht auf. Morgens mag ich es überhaupt nicht, wenn mich jemand aus dem Sunshine-Rhythmus bringt (Seien Sie konsequent!).

Auf *Oldie 95* verlosen sie grad Gartenstühle, dabei schneit es draußen noch. Schon mein Opa sagte immer: «Kind, die Menschen sind so dämlich, die Hälfte von ihnen kannst du das Klo runterspülen!» Einmal wandte ich ein: «Ach, Opa!», dann schrie er: «Stimmt, es sind mehr!»

Ich mache mir jetzt Müsli. Frische Heidelbeeren, Haselnüsse, Walnüsse, 1 Viertel Apfel, Haferflocken und Naturjoghurt. Leider bin ich trotz meiner gesunden Ernährung nie ganz schlank geworden, was so seltsam wie bedauerlich ist.

Mein Name ist Regina Bröseldorf, geborene Göbel. Ich bin Sekretärin bei einer überregionalen Boulevardzeitung. Ressort Panorama. Das große Bunte. Mein Chef ist ein Mann mit roten Flecken im Gesicht und einem schwarzen SLK. Ich finde beides nicht attraktiv.

Der Chef ist nicht nur hässlich und grobgliedrig, sondern auch cholerisch. Einmal hat er mir aus seinem Zimmer einen Schlüssel an den Kopf geworfen, weil sein Kaffee nicht schnell genug kam. Außerdem ist er politisch unkorrekt. Er sagt immer Neger und Ölauge. Der Chef hasst aber nicht nur Ausländer, sondern auch mich. Er nennt mich hinter meinem Rücken «die Bröseldoof».

Noch dazu ist der Chef ein unmoralischer Mann. Er schläft mit einer Online-Volontärin. Obwohl er verheiratet ist.

Wenn ich schon sehe, wie diese Onlinerin immer in mein Büro rauscht. «Ist der Heinz da, ist der Heinz da?» Sie fragt das immer so, als ob etwas sehr Dringendes wäre, aber es ist gar nichts. Die Online-Volontärin hat unechte Fingernägel und ist sehr dick geschminkt. Ich glaube, sie ist so eine Frau, die sich sehr wichtig nimmt.

Die Onlinerin macht bestimmt bloß mit dem Chef rum, um von Online zu Print wechseln zu dürfen. Ich weiß, wie es da zugeht im Online. Immer Schnellschnell, Schuschu und Schichtdienst. Die Printjournalisten nennen die Onlineredaktion Nordkorea. Nicht, dass bei uns alles besser wäre. Ein bisschen vielleicht.

Ganz früher war es nicht nur ein bisschen besser, sondern richtig gut. Da hatten wir noch Geld, und immer hieß es: «Frau Bröseldorf, wir brauchen ganz schnell einen Hubschrauber!» Dann habe ich einen Hubschrauber für die Fotografen besorgt, das war alles gar kein Problem. Als 2002 die schlimme Flut war, hatten wir drei Wochen einen auf Stand-by gebucht. Das kann man sich heute gar nicht mehr vorstellen.

Die Leute in meinem Ressort sind leider auch nicht nett. Die halten sich für was Besseres, sind aber bloß Bluthunde. Die klingeln an Türen von Familien, deren Kind grad totgefahren wurde. Würde ich nie machen. Es gab nur einmal einen, der war nett. Lothar Rickrode hieß der. Der bekam diese Krankheit, bei der sich der Darm selbst verdaut, und ging in Frührente.

Ich habe mich jahrelang für diesen Laden aufgeopfert, aber vor etwa zwei Jahren beschlossen, dass es reicht. Meine Chakra-Lehrerin hatte mir zu diesem Schritt geraten und Ulrike. Und wenn ich ehrlich bin, wusste ich schon immer, dass es so nicht weitergehen kann. Geholfen hat mir auch Ulrikes mehrwöchiger Kurs an der Volkshochschule: «Selbstbewusstsein stärken, eigene Schwächen überwinden, sich selbst erkennen». Seitdem mache ich Dienst nach Vorschrift und engagiere mich im Betriebsrat.

Vor zehn Jahren war ich verheiratet, aber das war nicht erfolgreich. Ich befürchte, es lag auch daran, dass ich mir damals zu viel habe gefallen lassen. Aber das tue ich jetzt nicht mehr. Ich wähle auch, was Männer betrifft, viel genauer aus.

Männer findet man in meinem Alter online. Ich bin bei *Samira*. Das ist eine Online-Datingplattform, und die ist kostenlos. Auf meinem Profilbild stehe ich vor meiner blühenden Begonie auf dem Balkon und sehe ein bisschen besser aus als in echt, aber ein wenig Schummelei gehört dazu. Weil ich schon fast 40 bin, bekomme ich sicher nicht so viele Anfragen wie jüngere Mädchen, aber so zehn die Woche sind es schon.

Bislang hatte ich erst fünf Dates. Eins davon mit einem wirklich interessanten Mann, mit dem ich mich mehrmals traf und auch Gefühle entwickelte. Der hat durch die Gespräche mit mir erkannt, dass er homosexuell ist. Die anderen waren nicht der Rede wert.

Zur Arbeit nehme ich die U-Bahn, obwohl das Fahrrad gesünder wäre, aber in der U-Bahn finde ich immer so gut zu mir. Außerdem wird man in der U-Bahn nicht nass.

«Guten Morgen, Regina!», ruft mir der Willi vom Empfang zu. Der wird auch immer dicker. Richtig aufgedunsen sieht der aus. Vielleicht nimmt der Cortison. Der sollte mal zum Osteopathen gehen.

Ich sitze noch keine zehn Minuten am Schreibtisch, da schreit es schon von hinten: «Frau Bröseldorf, mein Kaffee!» Ich bringe dem Chef die Tasse, auf der steht «Chef = Gott». Eigentlich müsste da was ganz anderes stehen.

«Frau Bröseldorf, der Kaffee ist nicht stark genug», schreit der Chef.

«Der Kaffee ist genau so stark wie jeden Tag. Zwölfeinhalb Löffel», antworte ich.

«Das kann nicht sein», schreit der Chef.

Ich stehe auf und mache neuen Kaffee. Diesmal mache

ich sechzehn Löffel rein, warte, bis die Brühe durchgelaufen ist, und stelle dem Chef eine neue Tasse hin.

«Geht doch», murmelt der Chef.

Ob eine Dating-Anfrage eingeht oder nicht, das sehe ich nur bei der Arbeit. Zu Hause habe ich nämlich kein Internet. Ich will mich keiner zusätzlichen Strahlung aussetzen. Deshalb mache ich mein Handy auch nur an, wenn ich telefoniere oder eine SMS schicken will.

Gefällt mir der Mann und was er in seiner Anfrage schreibt, gehe ich auch mal zum Italiener mit ihm. Diesen Montag habe ich schon drei Anfragen, das ist toll. Aber jetzt ist erst mal Konferenz.

Ressortkonferenz ist jeden Tag um halb elf. Dann sitzen wir alle am großen Tisch und reden darüber, was wir morgen in die Zeitung schreiben. Die Polizeireporter Uwe und Krauti sagen dann, ob irgendein Gerichtsprozess ansteht oder einer Amok gelaufen ist. Ob jemand seine Frau umgebracht hat oder seinen Mann oder seine Katze in die Waschmaschine getan. Halt so schlimmes Zeug. Ich sitze immer nur da und führe Protokoll.

Vorne, am Kopf des Konferenztisches, sitzen Chiara und Christine, die für die Prominenten und Partys zuständig sind. Die ziehen sich immer schöne Kleider an, warten am roten Teppich und stellen den Stars oberflächliche Fragen. So wie: «Woher haben Sie Ihr Kleid?» Oder: «Verraten Sie uns Ihr Schönheitsgeheimnis?» Und die knuspern den ganzen Tag Reiswaffeln. Weil die denken, dann werden die nicht dick. Das nervt vielleicht.

Die Chiara war mal mit einem Fußballspieler von Werder Bremen zusammen. Die wollte eigentlich nur Spielerfrau sein, zur Pediküre gehen und Gala lesen, aber weil der Fußballspieler sie verlassen und vorher nicht mal geheiratet hat, hat sie nun den Salat und muss selbst arbeiten gehen. Die Chiara und die Christine sind, glaube ich, so Frauen wie die Online-Volontärin. Aber die Online-Volontärin, das habe ich eben vergessen zu erzählen, hat so einen richtigen Bratarsch. Und die Chiara, die hat gemachte Brüste. Und die fährt nur einen kleinen Nissan Micra, aber redet wie eine Grande Dame.

104   Und der Krauti sagt, die Chiara hat auch aufgespritzte Lippen. Wenn ich die Gehaltsbriefe in die Postkästen einsortiere, schreit der Krauti immer: «Chiaraaaaaa, neuer Monat, neue Lippen!»

Dann gibt es noch ein paar Leute, die nicht operiert und spezialisiert sind und eigentlich alles machen, aber vor allem Schicksalsgeschichten oder Trendgeschichten oder Wettergeschichten oder witzige Geschichten, wie zum Beispiel ein Interview mit der Hunde-Trainerin von Kommissar Rex oder mit dem Arschbombenweltmeister. Oder mit einem Schuhdesigner aus New York, der Sachen sagt wie: «Die Füße einer Frau sind ihr seelisches Geschlechtsorgan.»

Dann gibt es noch Frau Finkelheim. Die darf niemand duzen und auch nicht kündigen, weil die mit dem Herausgeber unserer Zeitung verwandt ist. Frau Finkelheim hat den besten Job in unserem Ressort. Die kümmert sich um Tier- und Zoogeschichten. Die fährt dann zum Beispiel zum neuen Baby-Elefanten im Berliner Zoo und redet mit dem Pfleger, fährt dann zurück in die Redaktion und schreibt es auf.

Über die Finkelheim regen sich alle immer auf. Weil die den ganzen Tag nichts macht, außer zu warten. Die recherchiert nicht. Die wartet nur, bis sie ein Zoodirektor oder ein Tierheim oder eine Tierschutzorganisation anruft. Und dann ist es natürlich auch nicht so schwer, über Tiere zu schreiben. Der Krauti sagt immer, dass man die Finkelheim mal eine echte Polizeigeschichte machen lassen sollte. Das könnte die gar nicht, sagt der Krauti dann. Die kann nur Wuffi und Schmusi und Babyalarm im Münchener Giraffengehege.

Aber ich werde mich da nicht einmischen. Das ist ja nicht mein Bier. Ich fände es nur gut, wenn die Finkelheim nicht immer so arrogant zu mir wäre. Wie die mir immer ihre Reisekostenabrechnungen auf den Schreibtisch knallt. Einfach so *peng*, so menschenverachtend.

Außerdem haben wir noch einen Volontär, den Michael. Der ist noch in der Ausbildung und muss all das machen, worauf die anderen keine Lust haben. Umfragen zum Wetter zum Beispiel oder Sonntagsdienste oder das Betexten von Infographiken. Und einmal, als dieses versaute Buch von Charlotte Roche so berühmt wurde, da musste der Michael auf die Straße und die Leute nach ihrer Intimfrisur fragen. Nachher saß er dann ganz geknickt hier und hat fast geheult. Der Chef hat dann gesagt, dass der Michael ein Lappen sei und sich mehr anstrengen solle. Und dass er aufhören solle, grün zu wählen, weil alle Grünen Lappen seien.

Der Krauti sagt jetzt, dass in Memmingen ein Friseursalon eingestürzt und die einzige Überlebende eine Oma sei, die eine stählerne Trockenhaube aufgehabt hat. «Aufschreiben, Bröseldorf!», ruft der Chef, und dann schreibe ich das Thema «Trockenhaube» halt auf.

Gefällt dem Chef ein Thema nicht, schreit er: «Was für ein Müüüüüllthema. Mann, das ist ein Müüüüüüülllthema!» Und wenn dem Chef von seiner Mannschaft zu wenig Themen vorgeschlagen werden, dann schreit er: «Ihr seid ein Haufen Kackwurstjournalisten! Mann, seid ihr alle Kacke!»

Ich habe ja gesagt, der Chef ist unerträglich.

Aber ich gehe jetzt mal wieder an meinen Platz und tippe das Protokoll und maile es rum, und dann schaue ich mir meine Dating-Anfragen an. Ich bin gerade fertig mit Tippen, da kommt auch schon die dumme Online-Volontärin rein und fragt: «Ist der Heinz da?»

Ich rufe den Chef an, und er kommt raus und sagt: «Frau Bröseldorf, die nächste halbe Stunde stellen Sie bitte niemanden durch und lassen Sie niemanden rein, ich werde unsere neue Online-Strategie besprechen müssen.» Ich nicke. Online-Strategien mit Volontärinnen zu besprechen, das wäre eine ganz neue Erfindung. Stimmt nie im Leben, aber Hauptsache, ich habe meine Ruhe. Dann kann ich jetzt endlich meine Anfragen lesen.

Ein Ingenieur und ein IT-Vertreter haben mich angeschrieben. Die dritte Anfrage-Nachricht ist von einem Irren, der etwas sehr Ordinäres schreibt. Das möchte ich jetzt nicht wiederholen.

Ich schau mir den Ingenieur und den IT-Mann an. Die beiden schreiben etwa gleich fad, aber der Ingenieur ist etwas hässlicher. Deshalb werde ich es erst einmal mit ihm versuchen. Ich weiß nämlich genau, dass schöne Männer dauerhaft nur Probleme machen. Mein erster Mann zum Beispiel, der war schön, aber der hat mich ja auch betrogen. Man sagt ja über schöne Männer, die hat man nie für sich allein. Und ich denke, das stimmt auch.

Der Ingenieur schreibt unter Hobbys: «Skat. Segeln. Kino.» Ich schreibe dem Ingenieur motiviert zurück, und dann kommt der Krauti und will was vom Chef, und ich sage «Online-Besprechung» und mache meinen vielsagenden Gesichtsausdruck. Telefon.

«Bröseldorf, Blitz Panorama.»

«Grüß Gott, ich hätte da eine Exklusiv-Geschichte für Sie.»

Am Apparat ist eine Frau mit österreichischem Akzent.

«Aha, was denn für eine?»

«Ich bin die Mutter von Michael Jackson.»

«Mhhhmhm.»

«Also hätten Sie da Interesse? Das würde allerdings was kosten.»

«Wie viel denn?»

«Etwa 20 000 Euro.»

«Frau ...»

«Huber.»

«Frau Huber, Sie kommen ja offensichtlich aus Österreich ...»

«Ja, aus Wien.»

«Da würde ich Ihnen vorschlagen, dass Sie Ihre exklusive Geschichte erst mal der Krone anbieten. Ich kann Ihnen auch gern die Nummer raussuchen.»

«Das hab ich schon angerufen. Die glauben mir nicht.»

Ich sage Michael Jacksons Mutter, dass ich ihre Nummer notiere und dass wir sie so schnell wie möglich zurückrufen werden und dass sie, falls es doch länger dauert, auf keinen Fall noch mal selbst anrufen soll. Auf keinen Fall.

Die Online-Volontärin kommt jetzt aus dem Büro des Chefs. Die ist so hässlich. Etwas später kommt auch der Chef und fragt, ob was war, und ich sage: «Michael Jacksons Mutter hat angerufen.» Dann knallt der Chef seine Tür zu.

Das Telefon klingelt ununterbrochen. Weil die Finkelheim letzte Woche so eine Geschichte im Blatt hatte, in der stand, dass jemand einen Beutel Hundewelpen weggeschmissen hat («Irrer Hundequäler will diese süßen Wauwis ertränken»), rufen jetzt die ganze Zeit Leute an und wollen so ein Viech. Die sind aber schon alle weg. Ich sage den Leuten dann, sie sollen ins Tierheim fahren und einen anderen holen, aber das wollen die nicht.

«Bröseldorf, Blitz Panorama, was kann ich für Sie tun?»

Am anderen Ende der Leitung flüstert ein Mann:

«Die halten mich hier gegen meinen Willen fest.»

«Ich verstehe Sie kaum, könnten Sie bitte ein bisschen lauter reden?»

«Die halten mich hier gegen meinen Willen fest.»

«Sind Sie im Gefängnis?»

«Nein, in der Anstalt.»

«Und was kann ich für Sie tun?»

«Warten Sie, ich ruf später noch mal an, jetzt kommen die Pfleger.»

«Tütütütütüt.»

Mein Sekretariat ist die Sammelstelle der Vollirren. Die Irren halten die Zeitung für eine bessere Psychiatrie. Wenn die wüssten, dass die meisten in meinem Ressort selber Insassen sind. Dann würden die nicht mehr so oft anrufen und nicht mehr so viel Kram schicken aus ihrem Leben. Seitenlange Briefe bekomme ich, Hilferufe von Hartz-IV-Familien, Aktenordner mit Scheidungsunterlagen, Pakete mit der Asche abgebrannter Gartenlauben aus Nachbarschaftsstreitigkeiten.

«Bröseldooooorrf», schreit der Chef, «stellen Sie mich zum Michael durch, der muss ganz schnell eine Umfrage machen.»

Der arme Michael. Ich atme tief ein, stelle durch und schalte den Wasserkocher an. Ich brauche einen Yogi-Tee. Und ich lasse mich nicht aus dem Rhythmus bringen. Ich bin eine selbstbewusste Frau. Was für ein Tag.

Was schreibt eigentlich der mittelschöne Mann zurück?

«Liebe Regina, du bist eine interessante Frau, und ich würde dich sehr gerne näher kennenlernen. Unter der Woche aber bitte nicht länger als 22 Uhr, weil ich arbeiten muss.

Tschüssikowski!

Thorsten»

Ich schreibe dem Thorsten zurück. Wir verabreden uns für übermorgen. Um 19 Uhr im El Panini. Da ziehe ich mein langes Kleid und das weiche Samtjackett an.

Wir schreiben uns noch ein paarmal hin und her. Ich erfahre, dass Thorsten auch schon mal verheiratet war und einen Sohn hat. Der Thorsten schreibt, dass er gerne mit seinem Sohn in den Heidepark Soltau fährt.

Am Dienstag mache ich pünktlich Feierabend und gehe in das Restaurant. An dem Tisch, den ich reserviert habe, sitzt schon der Thorsten und macht ein fröhliches Gesicht. Ich spüre, dass er mit den Augen meinen Körper abtastet. So ein mechanischer Prüfblick, irgendwie unangenehm. Und als er mich umarmt, da streicht er mit den Händen über meinen Rücken bis kurz über den Po, da, wo meine Strumpfhose immer einschneidet und so ein Wulst entsteht.

Der Abend ist dann wirklich ganz nett, obwohl mir Thorsten die ganze Zeit klarmacht, dass er auch noch andere Frauen trifft, die er bei *Samira* gefunden hat. Das ist nämlich das Problem an diesen Datingwebsites. Die machen Menschen zu Maschinen und die Liebe zur Ware.

Ich habe Freundinnen, die daten und daten. Die sind richtig abhängig. Aber die finden nie einen. Ich glaube, das liegt an unserer Multioptionsgesellschaft. Wir konzentrieren uns nicht mehr nur auf eine Sache, auf einen Mann, auf eine Frau. Nein, wir sind Selbstoptimierer. Unser Wunsch nach mehr ist so groß, dass wir im Endeffekt viel weniger haben.

Ich erzähle Thorsten von meiner Theorie. Er sagt: «Kann schon sein.» Ich bestelle Gemüselasagne und schweren Rotwein. Er Spaghetti Arrabiata und Bier. Dann erzählt er von seiner Scheidung. Seine Frau ist mit dem Gitarrenlehrer seines Sohnes durchgebrannt.

Punkt zehn sagt Thorsten, dass er jetzt gehen muss. Er lässt sich nicht mal mehr zu einem Absacker überreden. Als er aufsteht, sehe ich, dass er sein Handy an der Hose befestigt hat. Er bezahlt die Rechnung, gibt aber kaum Trinkgeld.

Thorsten hat sein Auto in der Parallelstraße geparkt. Wir laufen nebeneinanderher, und ich puffe ihm in die Seite, und er pufft nicht zurück. Vielleicht findet er mich albern. Thorsten fährt mich nach Hause. Wenn er gleich fragt, ob er mit hochkommen kann, werde ich «Nein» sagen. Er fragt aber nicht.

Zu Hause mache ich mir noch eine Flasche Bio-Sauvignon auf und schalte den Fernseher an. Es ist Viertel nach zehn. Ich schicke Thorsten eine SMS und bedanke mich für den Abend.

Am nächsten Tag hat der Michael gekündigt. Der macht jetzt festangestellt PR für die Solarbetriebe in der Nachbarstadt. Der Krauti sagt, das sei doch ein Scheißjob. Der Chef hat geschrien: «Aus dem Michael wäre hier eh nie was geworden!»

Aus Thorsten und mir ist auch nichts geworden. Ich habe ihm noch zweimal geschrieben, aber er hat sich nicht mehr gemeldet. Ich weiß auch nicht, warum.

In der Redaktion hat sich mittlerweile rumgesprochen, dass der Chef und die Online-Volontärin eine Affäre haben. Wenn mich jemand fragt, ob das stimmt, dann mache ich so einen vielsagenden Blick. Mehr mag ich mich da aber auch nicht einmischen. Ich lenke meine Energie lieber auf mich.

Die Chiara hat neulich einen witzigen Spruch gemacht. Die hat gesagt, der Arsch der Online-Volontärin ist so dick, der hat eine eigene Postleitzahl. Die Chiara ist eh gut drauf in letzter Zeit, seitdem sie sich mit einem TV-Richter in Scheidung trifft.

Der Krauti sagt, er glaubt, dass die Frau vom Chef sogar von der Affäre ihres Mannes weiß, aber nichts sagt, weil sie Angst hat, dass der Chef sie dann verlässt. Vielleicht sollte man die Frau vom Chef mal in Ulrikes Selbstbewusstsein-Kurs schicken. Obwohl, die Ulrike hat letztens was ziemlich Spitzes zu mir gesagt. Das war, als wir in dem vegetarischen Bistro Mittagessen waren und der

Kellner mich unmöglich behandelt hat. Da hat die Ulrike gesagt: «Wie man in den Wald hineinruft, so schallt es aus ihm raus.»

Und bei der Ulrike, da ist mir jetzt schon öfter aufgefallen: So lieb, wie die immer tut, ist die auch nicht.

SILVESTER

Das bisher einzige Silvester meines Lebens, das einen großen Moment versprach, war 2000, und die Welt sollte untergehen. Ich war 14 und saß im Schlafanzug bei meiner Oma auf der Couch. Sie hatte mir ein Glas Sekt in die Hand gedrückt, damit ich die Welt nicht verlassen musste, ohne je in den Genuss von Alkohol gekommen zu sein.

Ich hatte eine Reihe melodramatischer Abschiedsbriefe an meine Schulfreunde geschrieben und war nun wirklich gespannt. Meine Oma sagte, dass sie sich schon auf das Wiedersehen mit Opa freue. Wir saßen da und tranken Sekt. Um Viertel vor 12 schaltete Oma den Fernseher ein. Eine Minute vor 12 nahm sie meine Hand. Als es 12 war, schlossen wir die Augen. Drei Minuten nach machten wir sie wieder auf. Es war nichts passiert. Außer, dass ich zum ersten Mal besoffen war. Oma weinte.

Mittlerweile bin ich erwachsen und verlasse mich nur noch auf kurzfristige Silvester-Angebote. Veranstaltungen, für die man ab Oktober teure Karten kaufen kann, lehne ich ab. Ebenso Ski-Ausflüge nach St. Moritz, oder noch schlimmer: in einen holländischen Gran-Dorado-Park. Ich habe, was Silvester betrifft, schon viel ausprobiert. Allein in der Badewanne mit Ohrenstöpseln, allein

unter Vielen mit großem «Hallo», «Ahh», «Ohh». Käse-
fonduerunden. Bleigießen mit einer Affäre im Bett. Groß-
raumdisco mit New-Year-Rave. Es war immer alles Kacke.

Letztes Jahr entschied ich mich drei Tage vor Silvester,
die Einladung eines alten Freundes anzunehmen. Er
heißt Robert. Wir gingen zusammen in die Grundschule.
Er wohnt nur zwei Straßen entfernt.

Robert führte seit drei Jahren eine Beziehung mit
Theresa, einer affektierten Industriekauffrau. Theresa
und ich mochten uns nicht besonders. Sie hielt mich für
albern. Ich hielt sie für arrogant.

So erwartungslos und freundlich wie möglich betrat
ich die Wohnung, die Robert und Theresa seit kurzem gemeinsam bewohnten und in der eine festliche Tafel stand:
weiße Tischdecke, Kerzen. Ein Fleischfondue stand in der
Mitte vom Tisch. Der Topf glänzte. Daneben saßen Robert
und Theresa sowie Timo und Natascha. Alle mindestens
so auf Hochglanz poliert wie das Fleischfondue. Theresa
sagte: «Du bist zu spät!» Natascha machte: «Pschhht!»
Der Fernseher lief.

Er lief, weil Natascha, wie ich erfuhr, darauf bestand,
«Ekel Alfred» zu schauen. Dabei sollten alle anderen unbedingt schweigen. Danach, erklärte sie, müsse man noch
Dinner for One ansehen, auch das sei Tradition. Ich fragte
sie, was ich mit ihren Traditionen zu tun hätte, und Theresa kreischte: «Siehst du, Robert!»

Robert sah mich an. Theresa und Natascha waren beste Freundinnen. Ich flüsterte Robert zu: «Wer kommt

noch?» Robert sagte: «Niemand. Wir hatten noch ein anderes Pärchen eingeladen, aber das hat abgesagt. Wir hatten noch so einen Typen von Theresa eingeladen, aber der hat abgesagt. Und Theresa wollte nicht, dass wir mehr als acht Leute einladen, weil das Silberbesteck nur für acht Leute ist.»

Ich erlitt also die Darbietung des jungen Diether Krebs. Als ich fragte, ob mir jemand den Wein reichen könne, zischte Natascha. Sie war schon richtig angepisst, um halb neun.

Ich holte mir eine Flasche aus der Küche und trank, bis Diether Krebs endlich verschwand und das Silvesterdinner eröffnet wurde. Wir aßen.

«Könnte mir mal jemand die Senf-Honig-Soße rüberreichen, Timo, wärst du vielleicht so nett?»

«Möchte noch jemand ein bisschen Walnussbrot, ganz frisch aus dem Ofen?»

«Huch, das ist aber eine vorzügliche Marinade. Wer hat die gemacht? Theresa? Also wirklich: ganz, ganz toll!»

Theresa sagte dann, dass sie seit Weihnachten ihre Ritzenhoff-Gläsersammlung fast komplett habe und der Römertopf neu sei und eine ganz innovative Beschichtung habe. Natascha nickte und sagte, sie wünsche sich den auch. Robert legte seine Hand in den Nacken von Theresa. Ich fühlte mich wie lebendig begraben. Und das, obwohl ein neues Jahr bevorstand.

Aus Langeweile stellte ich mir vor, dass wir zwar alle in den Körpern von Mitte 20-Jährigen steckten, in Wirklichkeit aber Mitte 50 waren. Gerade wurde das Dessert gereicht: eine Crème brûlée. Ich entschied, danach Übelkeit vorzutäuschen und nach Hause zu gehen.

Die Wende kam unerwartet, um kurz nach elf. Türklingeln. Gepolter. Wolf, Schröder, Sabrina und ein Unbekannter stolperten herein. Wolf und Schröder waren alte Schulfreunde von Robert und mir, deren Party schon um halb elf Uhr von der Polizei gesprengt worden war. Deshalb hatten sie beschlossen, noch zu Robert zu fahren. Sie waren zwar nicht eingeladen, wussten aber von der Party, weil ich Schröder vorgestern beim Edeka getroffen hatte.

Offenbar hatten alle schon ordentlich was getankt. Sabrina, die maximal 50 Kilo wiegt, behauptete, schon eineinhalb Flaschen Champagner «weggezischt» zu haben. Schröder lallte nur noch, was ihn zu einer gefährlichen Kombination aus Alkohol und Gasknarre machte. Nur Wolf erschien nicht einfältiger, als er auch nüchtern war. Den Unbekannten hatten sie unten auf der Straße getroffen und einfach mitgebracht. Er stellte sich als Alfred Riedmann vor.

Außer der Gasknarre und dem Unbekannten hatten Wolf und Schröder noch einen anderen Freund dabei: eine lebensgroße Puppe aus Bauschaum und Hack, die sie um Mitternacht mit der Gasknarre hinrichten wollten. Schröder behauptete, dass das eine spanische Tradition sei, um die bösen Geister zu vertreiben. Die Puppe legten sie im Flur auf die Fliesen. Theresa zickte jetzt Robert an. Natascha und Timo saßen am Tisch und leckten ihre

Crème-brûlée-Schälchen aus. Ich entschied, noch zu bleiben.

Gerade als Schröder, unter Erklärung ihrer jeweiligen
Wirkung, die verschiedenen Patronenaufsätze auf seine
Knarre schraubte, rumorten die eineinhalb Flaschen
Champagner in Sabrinas Magen. Sie schrie: «Wo ist das
Bad?» Natascha schubste sie rein.

Man muss wissen, dass Roberts Freundin Theresa einen
ausgeprägten Kontrollzwang in sich trägt, kombiniert mit
schlecht ausgebildeter Empathie, was ihrem geringen
Selbstbewusstsein nicht zuträglich ist. Für einen Menschen mit derlei Eigenschaften ist es natürlich fatal, wenn
das feststehende Bild eines gemeinsamen Abends kippt.

Robert, eher von einfacher Psychologie und mit der
Einsicht gesegnet, dass man Dinge nicht mehr ändern
kann, wenn sie erst mal passiert sind, sagte: «Ist doch
schön, wenn wir in größerer Runde feiern, dann wird es
noch witziger.» Theresa wollte ihn daraufhin unter vier
Augen sprechen.

Schröder beschloss, mit geladener Knarre nach Sabrina
zu schauen, die über dem Klo hing. Er zielte aus Spaß auf
ihrem Hinterkopf und schrie: «Hände hoch, das ist ein
Überfall!» Sabrina würgte weiter. Ich trug mit Wolf die
Puppe aus Bauschaum und Hackfleisch hinaus. Wieder in
der Wohnung, lag Sabrina auf der Couch, neben ihr ein
Eimer. An ihrer Brust wischte Schröder mit einem nassen
Lappen rum. Im Wohnzimmer roch es säuerlich. Natascha

und Timo zogen sich ihre Jacken an und sagten, sie würden uns helfen, die Feuerwerkskörper rauszuschaffen.

Theresa und Robert waren mittlerweile aus dem Schlafzimmer gekommen und stritten im Flur rum. Theresa sagte, dass Robert ihr die schöne Silvesterparty kaputt gemacht habe. Robert sagte, dass doch überhaupt nichts passiert sei.

Dann schrie Theresa, dass es ihr reiche und dass Robert ein Arschloch sei und dass jetzt Bauschaum an ihrem Wintermantel und der Garderobe klebe und dass Roberts Freunde alle asozial seien, und daraufhin sagte Wolf: «Hey, hey, hey!» Und als Robert sich den Mantel ansah **119** und sagte, es sehe eher aus wie Hackfleisch als wie Bauschaum, da warf Theresa mit einer ihrer Porzellanvasen nach ihm. Es schepperte. Robert blutete am Kopf.

All das war aber grad egal. Die Menschen da draußen stimmten einen kollektiven Countdown an, es war Mitternacht, die Raketen heulten, wir rannten alle raus. Eine seltsame Euphorie erfasste uns. Schröder verpasste der Bauschaumpuppe lallend einen Kopfschuss nach dem anderen. Wolf, Timo und ich böllerten, Natascha warf ein paar Knallerbsen. Die Puppe ging in Flammen auf. Es knallte, knackte, krachte. Es schien mir, als zeichnete sich das Feuerwerk der Emotionen dieses Abends am Himmel ab. Blau. Grün. Gelb. Rot.

Ich machte gerade ein paar Bilder mit meinem iPhone, als Theresa und Robert auch draußen auftauchten. Robert lief über die Straße, Theresa hinterher, sie schlug auf ihn ein, ihre Stimme übertönte kurz den Silvesterlärm, dann zerrte sie ihn im Schwitzkasten wieder zurück in die Wohnung. Die Ereignisdichte des Augenblicks ließ keine wirkliche Reaktion zu, es wollte sich niemand einmischen, und so blieben wir alle noch etwas bei den Nachbarn vor dem Haus stehen. Eine Mutti mit Partyhut schenkte Sekt in Plastikbechern aus. Wir prosteten uns zu. Natascha verteilte Wunderkerzen. Irgendjemand erzählte, dass das Handynetz von O_2 zusammengebrochen sei, da beschloss Schröder, noch mal nach Sabrina zu schauen, und ich sagte: «Ich komm mit.»

120 Beim Hineingehen fiel uns sofort die eingetretene Haustür auf. Robert kam mir entgegen; ich wusste nicht, was ich sagen sollte. Ich holte meinen Rucksack. Langsam kamen auch die anderen zurück, weil der Qualm der brennenden Schaumstoffpuppe auch draußen nur schwer zu ertragen war. Schröder sagte, dass jetzt auch die Nachbarn nicht mehr nett seien. Er hievte sich die dünne Sabrina über die Schulter. Sie sah aus, als wäre sie tot. Natascha und Timo hatten sich heimlich davongeschlichen. Bestimmt wegen der Blutspuren im Flur.

Theresa saß heulend im Schlafzimmer und hatte die Tür abgesperrt. Robert stand davor und flehte, sie solle aufmachen. Ich nahm Roberts Kopf in die Hände und schaute, ob man die Wunde an seiner Stirn nähen müsse, aber Robert stieß mich weg und schrie bloß: «Hau endlich ab!» Dann gingen wir.

Ich wandelte alleine durch eine Wand aus Nebel heim

und fühlte mich seltsam glücklich. Aufbruchstimmung packte mich. Ich lachte über die Menschen, die das neue Jahr einfach dunstig geböllert hatten. Kam mir jemand entgegen, so schrie er: «Frohes neues Jahr 2014!» Es klang wirklich so, als ob ein neues Zeitalter bevorstünde.

Tage später fiel mir auf, dass wir irgendwo in der Aufregung Alfred Riedmann vollkommen verloren hatten. Robert sagte mir aber dann, dass Theresa sich in der Silvesternacht noch von ihrem Vater hat abholen lassen und dass er Alfred Riedmann später im Küchenschrank gefunden hat. Riedmann habe ihm erklärt, er habe Angst vorm Feuerwerk gehabt. Die Polizei habe auch noch geklingelt wegen des brennenden Bauschaums und wegen der Tür, aber das hat er wohl geklärt.

Allerdings sei er, Robert, dann so am Ende gewesen, dass er sich mit Riedmann noch bis acht Uhr morgens über die Spirituosenbestände hergemacht habe. Alfred Riedmann habe auch die Stirn von Robert zusammengenäht. Angeblich war er Arzt. Die Narbe auf seiner Stirn sieht aber nicht so aus.

Robert hat mittlerweile ganz gut weggesteckt, dass Theresa ihn verlassen hat. Ich mochte sie ja eh nie. Wolf hat Robert im Nachhinein auch noch mal darauf hingewiesen, dass Theresa nicht mal schön war. Damit hat er recht. Sie sah irgendwie genau so aus, wie sie war: fies. Und Schröder meinte, dass es krass sei, wie gut das mit der Puppe und den bösen Geistern geklappt hatte. Die ätzende Theresa immerhin sei weg.

Das mit der Haustür war allerdings ärgerlich, die Reparatur hat über fünfhundert Euro gekostet. Alfred Riedmann habe ich noch mal bei Saturn an der Kasse getroffen. Er hat meinen USB-Stick abkassiert. Als ich ihn auf das Silvester bei Robert ansprach, sagte er, es müsse sich um eine Verwechslung handeln. Dabei bin ich sicher, dass er es war.

Was mich betrifft, so muss ich sagen, ich bin sehr zufrieden. Dieses Jahr war Silvester wirklich zum ersten Mal ein wenig aufregender als gedacht.

DIE SACHE MIT JORINDE
SEMMLER

An einem Samstagmorgen im Oktober verliert die 20-jährige Studentin Jorinde Semmler nach einer durchzechten Nacht im Taxi nach Hause ihr Handy. Es ist 6:35 Uhr, als es ihr aus der Jackentasche rutscht. Jorinde Semmler ist sehr betrunken, aber auch nüchtern hätte sie das schwarze Smartphone auf dem schwarzen Ledersitz vielleicht übersehen. Wer weiß das schon? Jorinde Semmler jedenfalls zahlt 12 Euro und steigt aus. Der Taxifahrer fährt weiter.

Sein nächster Fahrgast ist der Pförtner Eugen Borowski. Borowski muss zur Arbeit und fährt normalerweise mit dem Rad. Aber an diesem Morgen ist ihm der Schlüssel im Fahrradschloss abgebrochen.

Borowski steigt ein und sieht das Handy auf der Rückbank sofort. Er ist ein geübter Beobachter. Er weiß nicht, warum, aber er steckt das Handy ein. Der Taxifahrer bemerkt nichts. Später wird Eugen Borowski zu Protokoll geben, dass die Sache mit ihm und Jorinde Semmler von Anfang an ein glücklicher Zufall gewesen ist.

Borowski bezahlt 8,70 Euro (kein Trinkgeld), steigt aus und geht direkt in sein Pförtnerhaus. Ein Glaskasten in einem innenstadtnahen Parkhaus. Hier arbeitet Eugen

Borowski. Es ist ein guter Job für ihn. Er ist nicht gerne unter Menschen, und nur wirklich sehr selten will jemand von einem Parkhauswächter etwas. Meistens ist er allein und starrt auf acht Bildschirme.

Bemerkt er einen Überfall, ruft er die Polizei. Klopft es an seiner Scheibe, dann hat jemand etwas gefunden, was er abgeben will, oder kommt nicht mit dem Ticketautomaten zurecht. Manchmal hat jemand seine Parkkarte verloren.

Borowski lässt die Jalousie in seinem Glaskasten herunter und zieht das Handy aus seiner Jackentasche. Er tippt auf den Bildschirm. Das Handy ist an.

Jorinde Semmler wacht am Samstag gegen 14 Uhr auf. Sie hört, wie der Regen auf das Dachfenster ihres Jugendzimmers trommelt. Ihr ist irre schlecht. Und dazu trommelt es auch noch. Sie stöhnt.

Borowski hat schnell festgestellt, dass das Handy einer Jorinde Semmler gehört und keine PIN hat. Auf dem Hintergrundbild des Handys ist eine junge Frau mit blonden Locken und leichten Sommersprossen zu sehen. Auf dem Arm hält sie einen fuchsfarbenen Hund. Eugen Borowski findet das Mädchen wunderschön.

Jorinde sucht den Ausgang des Abends in ihrem Kopf. Wo war ich zum Schluss und mit wem? Wie bin ich heimgekommen? Habe ich mich blamiert? Ist noch alles da? Sie tritt die Bettdecke weg und steht auf.

Der Akku von Jorinde Semmlers Handy hat nur noch einen von fünf Balken. Es ist ein anderer Akkuanschluss als der, den Eugen Borowski an seinem Handy hat. Seiner ist rund, und dieser ist eckig. Er muss also irgendwann in die Stadt, wenn er das Handy von Jorinde Semmler am Leben erhalten möchte. Und das möchte er unbedingt.

Er tippt auf den Ordner mit den Fotos. 746 Fotos. Das Handy vibriert in seiner Hand. Borowski erschrickt. Eine SMS: «Jojo, ruf mal an, wenn du wach bist, ich bin noch weiter zu Till. Wir müssen dringend quatschen. Warst du auch so voll? Emy»

Wer ist Emy?

Jorinde kramt in ihren Jackentaschen, aber da ist nichts, außer ihren Schlüsseln und einer leeren Kaugummipackung. Sie nimmt ihre Handtasche. Sie findet: Lippenstift. Taschenspiegel. Geldbörse. Mehr nicht. Wo ist ihr Handy? Hat sie es irgendwo liegenlassen? Wann hat sie es zum letzten Mal benutzt? Und wie soll sie jetzt ihre Freundin Emily anrufen? «Ist was, Süße?», fragt ihre Mutter. Jorinde sagt, dass ihr Handy wcg ist. «War lang gestern, du musst mal frühstücken.» «Mama, lass mich», zickt Jorinde sie an.

Borowski ist genervt. Der Samstag ist immer ein wenig schlimmer als die übrigen Tage der Woche, aber heute, ausgerechnet heute, klopft es sehr oft an seiner Scheibe. Einer Frau ist ihr Hund aus dem Kofferraum gesprungen, er muss irgendwo im Parkhaus sein. Eine junge Frau hat ihre Handtasche verloren. Ein Mann behauptet, dass jemand eine Macke in sein parkendes Auto gefahren hat. Borowski sagt allen dreien, sie sollen zur Polizei gehen.

Jorinde geht an ihren Laptop und schreibt Emily eine Mail. Sie soll sich bei ihr melden. Auf dem Festnetz. Ihr Handy ist weg, und sie hat schreckliche Kopfschmerzen. «Alles große Scheiße. Jojo.» Dann ruft sie vom Haustelefon ihre Handynummer an.

Das Telefon klingelt in Borowskis Hand. «Zu Hause» steht auf dem Display. Borowski weiß, dass es Jorinde ist. Wenn er rangeht, muss er das Handy abgeben, und alles wäre schon vorbei. Er stellt es lautlos.

«Hey, hier ist Emy!»

«Emy, mein Handy ist weg, so ein Mist. Ist es vielleicht bei dir in der Tasche?»

«Neee, aber du hattest es noch. Du hast doch dein Taxi damit gerufen.»

«Dann muss ich es auf dem Weg nach Hause verloren haben. Ich hab eben drauf angerufen. Es ist an!»

«Na, das ist doch geil. Leute, die Handys klauen, machen die direkt aus.»

«Aber weißt du, was Scheiße ist.»

«Hm?»

«Ich hab keine PIN im Handy.»

«Wie jetzt?»

«Na, wenn das Handy an ist, kann man alles sehen.»

«Boah, bist du blöd.»

«Danke für dein Mitgefühl.»

Und dann erzählt Emily, dass sie noch mit zu Till ist.

Der Till ist der Tutor von Jorinde und Emily. Beide studieren Medienmanagement. Jorinde sagt, dass der Till angeblich eine Freundin hat.

Jorinde ist genervt von ihrer besten Freundin. Ihr eigenes Problem erscheint ihr viel größer. Kein Handy. Irgendjemand hat es. Aber wer?

In der Mittagspause geht Borowski ein Ladekabel kaufen. Im Internet hat er recherchiert, welches genau er für das Handy braucht. Als er es gekauft hat, geht er sehr schnell zurück ins Parkhaus und schließt das Handy von Jorinde Semmler an die Steckdose an. Der kleine Balken in der rechten Ecke puckert. Borowski ist beruhigt.

In der Taxizentrale hat man inzwischen den Fahrer von Jorinde gefunden. Als sie ihn anruft, sagt er, dass er kein Handy gefunden hat. Jorinde sagt, sie würde ihm auch Finderlohn geben. Da wird der Taxifahrer wütend und legt auf. Jorinde fängt an zu heulen. Keine Anrufe, keine SMS, kein Facebook unterwegs, keine Chatnachrichten, kein Kalender. Sie fühlt sich sehr einsam.

Borowski hat gleich Feierabend, und das Handy ist aufgeladen. SMS von Mami Handy: «Bitte geben Sie mir mein Handy zurück. Ich habe es verloren und verspreche auch einen Finderlohn. Ich bin unter dieser Nummer erreichbar. Vielen Dank! Jorinde Semmler»

Borowski überlegt lange. Dann tippt er: «Liebe Jorinde, ich habe das Handy gefunden und werde es dir bald wiedergeben. Leider bin ich jetzt bis Dienstag auf Geschäftsreise. Ich melde mich, wenn ich wieder da bin. Herzlich. Eugen»

Jorinde ruft auf ihrer Nummer an. Borowski geht nicht ran. «Warum ist der Typ ausgerechnet jetzt auf Geschäftsreise?», denkt sie. Jorinde macht sich Rührei mit Schinken und Kaffee mit Milch.

Borowski macht Feierabend. Zu Hause schiebt er sich eine Pizza Hawaii in den Ofen und blättert die Fotos von Jorinde Semmler durch. Jorinde muss Studentin sein. Zumindest sind da Fotos aus dem Hörsaal. Und ein paar Kalendereinträge. Vorlesung. Tutorium. Lerngruppe.

Jorinde feiert viel. Zumindest sind da ziemlich viele Partyfotos. Borowski findet das nicht gut. Besonders die Fotos mit den vielen Jungs. Einer kommt häufiger vor als andere. Er hat so eine Stachelschweinfrisur wie Bastian Schweinsteiger. Borowski löscht die Bilder von ihm.

Borowski holt die Pizza aus dem Ofen und blättert weiter durch das Handy-Fotoalbum. Jorinde war viel unterwegs. Zumindest hat sie Bilder aus Paris und New York und von anderen Urlaubsorten, die Borowski nicht kennt. Außerdem macht Jorinde gerne Bilder von sich vor dem Spiegel.

Emily muss Jorindes beste Freundin sein. Sie hat rote Haare und große Brüste. Sie ist auf vielen Bildern zu sehen. Und sie schreibt ihr die meisten SMS. Jeden Mittwochabend gehen Jorinde, Emily und eine Thea zum Zumba.

Jorindes großer Bruder heißt Jörn und wohnt in München. Er studiert Medizin. Die Familie von Jorinde muss Geld haben und einen fuchsfarbenen Hund.

Borowski steckt Ohrstöpsel in das Handy von Jorinde und hört ihre Lieder. Sie gefallen ihm nicht. Aber die Vorstellung, dass er hört, was sonst Jorinde hört, gefällt ihm gut.

Jorinde schreibt über Facebook an ihre Freunde: «Bin bis Dienstag handylos. Falls was ist, schreibt mir hier oder schickt 'ne Brieftaube!» Dann geht sie ins Bett und schaut noch eine Staffel *Girls*.

Borowski hat einen Nachbarn, der immer Filme aus dem Internet saugt, für ein paar Euro auf DVD brennt und in der Siedlung vertickt. Auch richtig schmutzige. Borowski kauft manchmal auch bei ihm. Der Nachbar kennt sich gut aus mit Technik und mit Bedürfnissen und ist keiner, der Fragen stellt. Borowski bittet ihn am Sonntag, die Fotos vom Handy auf eine CD zu ziehen. Der Nachbar sagt ja. Es dauert 20 Minuten und kostet 15 Euro.

Borowski geht am Montag vor der Arbeit mit der CD zu einem Drogeriemarkt, in dem man Fotos direkt ausdrucken kann. Er druckt 168 Fotos aus. Jorinde in der Uni. Jorinde am Strand. Jorinde. Jorinde. Jorinde. Jorinde. Jorinde. Er kauft zwölf goldene Bilderrahmen und drei rote. Er ist sich längst sicher.

In seiner Wohnung steckt er abends ein Bild von Jorinde in sein Portemonnaie, fünfzehn andere rahmt er ein. Das, auf dem Jorinde einen Kussmund macht, stellt er auf seinen Nachtschrank. Bevor er schlafen geht, küsst er das Foto an der Stelle, wo Jorindes Lippen sind, und sagt: «Gute Nacht, mein Engel!»

Borowski hält das Handy beim Einschlafen in der Hand. Er wacht morgens mit Jorindes Weckton auf. Er hat das Telefon in der Hosentasche, während er sein Fahrradschloss aufbricht und während er im Glaskasten sitzt. Kommt eine SMS, dann liest er sie.

Dienstagmorgen eine SMS von Mami Handy: «Sind Sie von der Geschäftsreise zurück? Ich bräuchte dringend mein Handy! Bitte melden Sie sich. DANKE!!!! Jorinde Semmler»

«Ich komme erst später von der Geschäftsreise zurück. Mittwochmorgen kann ich es vorbeibringen. Herzlich, Eugen»

130   Jorinde seufzt, schreibt aber okay und die Adresse. Er soll zwischen neun und zehn kommen, dann muss sie los zur Universität, ob das möglich ist?

«Ja, das passt gut. Ich freue mich. Herzlich, Eugen»

Als Borowski am Dienstagabend bei seiner Mutter zu Besuch ist, erzählt er ihr, dass er jetzt eine Freundin hat. Borowskis Mutter möchte wissen, wie sie heißt. Er sagt: «Jorinde», und zeigt ihr das Foto in seinem Portemonnaie.

Borowskis Mutter fragt: «Wo hast du sie kennengelernt?» Er sagt: «Durch Zufall. Im Taxi.» Die Mutter sagt: «Du fährst doch nie Taxi.» Da schreit Borowski: «Ich habe doch gesagt, dass es ein Zufall war.»

Am nächsten Tag ruft ihn die Mutter morgens an und entschuldigt sich. Sie wollte nicht so kritisch sein. Aber es gab da diese Sache vor acht Jahren mit dem Mädchen und der Anzeige. Da wohnte Eugen Borowski noch bei ihr. Und da kam sogar die Polizei.

Die Mutter sagt, dass Eugen Jorinde mal zum Kaffee mitbringen soll. Borowski sagt: «Bald.» Die Mutter verspricht, ihrem Sohn ein Salzteigschild zu backen, wenn es etwas Ernstes ist. «Jorinde und Eugen».

Er legt auf, zieht sich ein Hemd an und frühstückt nicht. Er weiß schon, wie das Haus aussieht, zu dem er muss. Er hat es sich auf Google Maps angesehen. Es ist ein weißes Haus mit einem sechseckigen Erker.

Borowski nimmt sein Fahrrad, macht das Handy aus und schiebt es in seine Hosentasche. Auf dem Weg zu Jorinde geht er im Kopf noch einmal alles durch, was er ihr sagen wird.

Borowski klingelt kurz vor neun. Es bellt. Jorinde Semmler öffnet die Tür. Der fuchsfarbene Hund rennt raus. Jorinde trägt eine blaue Jeanshose und ein weiß-rot gestreiftes Shirt. Das kennt er schon. Sie hat es auch in Blau.

Eugen Borowski sagt: «Hallo!» Jorinde Semmler sagt: «Hi!» Sie sieht einen Mann mit einem schwarzen Haarkranz und einem weißen Hemd.

Borowski reicht Jorinde das Handy. Es ist ganz feucht. Sie reibt es an ihrem Oberschenkel ab und gibt Borowski einen Umschlag. In dem Umschlag sind 50 Euro. Jorindes Mutter wollte, dass Borowski die als Finderlohn bekommt.

Borowski nimmt den Umschlag. Jorinde Semmler sagt: «Dann danke und noch einen schönen Tag», und pfeift. Der Hund rennt ins Haus. Borowski bleibt stehen.

«Is' noch was?», fragt Jorinde. Und weil Borowski nichts sagt, schließt sie die Tür.

Ein paar Stunden später bekommt sie eine SMS:

«Jorinde & Eugen forever.»

Jorinde Semmler antwortet: «Verpiss dich, du Freak!»

NA, DANN

Mai 2012

Manchmal trug sie einen BH, obwohl sie ihn nicht brauchte. Wenn sie auf dem Rücken lag, zerlief das wenige Brustfleisch wie Eierpfannkuchen. Sie hob den Kopf an, bei dem Versuch, den Rauch als Ringe in die Luft zu pusten. Sie schaffte nur rundliche Gebilde, nie Ringe. Der Rauch waberte, statt, nach Plan, gepresst aus dem Mund in Bahnen gelenkt zu werden. Unstete Rauchkonstruktionen.

Meist spreizte sie die Beine auch im Liegen in den Schneidersitz. Die Scham zeigte zur Tür. Es war die Position, in der Mädchen in ihrem Alter für gewöhnlich masturbieren. Aber die Hand, die nicht rauchte, ruhte mit der Handinnenfläche gen Zimmerdecke neben ihrem Kopf. Beim Ausatmen öffnete sie den Kiefer wie ein Fisch, fast mechanisch. Auf, zu, auf, zu, auf, zu.

Ihr Zimmer lag im Dachgeschoss, und weil es sich erhitzte im Sommer, gab es eine Klimaanlage, die das Au-pair-Mädchen Brunella, eine Person aus Italien, regulierte. Das Mädchen, das Mia hieß, konnte Brunella nicht leiden und Brunella Mia erst recht nicht. Brunella hielt Mia für ein verzogenes, depressives Ding und Mia Brunella im Ganzen für unnötig. Im Mai betrug die durchschnittliche Temperatur in Mias Zimmer 18 Grad. Wenn es ihr zu kalt wurde, schob Mia die Füße gekrümmt wie eine Balletttänzerin ein paar Zentimeter unter die Viskose-Decke. Die Scham blieb immer unbedeckt.

Juli 2012

Ich war mit Mias älterer Schwester in einer Klasse gewesen. Marissa und ich hatten sogar mal geknutscht, aber das war nicht der Rede wert. Es war die Zeit, in der Jugendliche Apfelkornflaschen auf Spielplätzen tranken, zelten gingen und ein paar Übermütige den Mädchen ihre Schwänze zeigten. Die Zeit, in der man ahnt, langsam erwachsen zu werden, aber trotz allem nicht weiß, wie man es anstellen soll. Also verhält man sich so schlecht wie die anderen und wartet die Sommer ab. Wir saßen am Lagerfeuer auf der Wiese am Löschteich. Marissa schmeckte nach Apfelkorn und roch nach Mädchenshampoo. Es waren warme Zungenschläge mit zu viel Speichel. Heute stelle ich mir vor, wie es wäre, noch einmal zu knutschen. Die Zunge ist noch intakt.

Marissa studiert jetzt in St. Gallen Wirtschaftspsychologie. Ob Mia und Marissa sich mochten, weiß ich nicht. Damals war Mia noch klein, und kleine Geschwister galten als Opfer. Ich weiß, dass ich Marissa zweimal zu Hause abgeholt habe, und beim ersten Mal hat sie gesagt, dass sie mich liebt. Aber es war auch die Zeit, in der man Dinge sagte, von denen man annahm, sie sagen zu müssen.

Mia stand damals in Unterhose im Türrahmen, sagte

nichts, glotzte bloß. Die ist gestört, sagte Marissa, und dann gingen wir Sauren Berentzen besorgen. Auf dem Spielplatz am Burgberg knutschte Marissa eine Woche später mit Thomas Wischnewskie, und Til kackte in eine Pringles-Dose mit Paprika-Flavour. Ich war kurz traurig, fand dann aber Trost in einer Flasche Korn, die ein Penner hinterm Altglascontainer vergessen hatte.

September 2012

Mia weint, während die Familie im Wintergarten das späte Sommerfest feiert. Meine Mutter ist auch da. Sie trägt Halbschuhe, und ihre Hände riechen nach Zwiebeln. Sie wollte, dass ich mitkomme. Ich habe nein gesagt. Von oben sehe ich grün gestreifte Pavillons. Unter einem steht meine Mutter mit Lottewieners aus der 42. Lottewieners Til kackte irgendwann auch in der Schule ab. Jetzt ist er auf einer privaten Hochschule und studiert Eventmanagement.

Meine Mutter sagt dann den Lottewieners, dass der Lennart ein guter Junge sei und der Pfleger eine Erleichterung. Und sie sagt, wie sehr der Doktor von dem Lenni schwärmt. Und erst wenn der Abend und die Föhnfrisuren zusammensinken und ihr der Berufsschullehrer aus der 72 zu viel Obstler gegeben hat, weil er mit ihr schlafen will, dann senkt sie den Kopf und seufzt. Mit dem Seufzer beginnt die Phase der Selbstaufgabe. Der Berufsschullehrer wird zuhören und einfühlsam wirken. Er wird seine Hand auf die meiner Mutter schichten und denken, was für ein herrliches Wesen. So labil. Und ich werde hier oben sitzen und hoffen, sie später nicht hören zu müssen. Zum Glück habe ich Mia.

Oktober 2012

Mia feiert Geburtstag und ich bin nicht eingeladen. Der Wintergarten der von Redows liegt im Süden. Die Einladungen hat sie gekrickelt auf ihrem Bett, und dabei hat sie geraucht, aber mehr Joints als Zigarillos. Um Brunella zu ärgern, drückt sie die Stummel seit vier Tagen auf dem Vorleger neben ihrem Bett aus. Brunella hat das Frau von Redow gesagt.

Mia hat jetzt auch einen Freund oder so etwas in der Art. Ein kleiner Typ mit wulstigen Fingern und tätowierten Unterarmen. Nachts im Bett liegen sie ineinander verkeilt wie ein Menschenknoten.

An ihrem Geburtstag dreht sie sich lachend im Tanga im Kreis. Noch völlig benebelt von dem Zeug und dem Gestern. Nachmittags liefert der Getränkeservice von Thomas' Vater Fanta, Cola, Sprite, Becks, Wodka, Wein, Apfelschorle und eine Flasche Tomatensaft an.

Ich weiß, was passiert ist im Esszimmer und Wintergarten. Ich weiß es, weil Mia, wenn sie traurig ist, wieder zu mir kommt.

Wie sie weint, in die Kissen mit der glatten Oberfläche. Ihre schwarzen Haare so algenartig um ihr Gesicht. Augen so stumpf wie abgewetzte Türknäufe, schlaffe Hände, gespreizte Beine. Mund auf, zu, auf, zu, auf, zu.

Mädchen, mein Mädchen. Warum stehst du nicht auf, hörst Musik, gehst ins Naturschutzgebiet, Steine flitschen, oder in die Disco, dir den Kopf bunt machen? Flirte mit Typen und tanz zu neuen Indierockbeats, trink Gin Tonic, flieg nach Thailand, spuck in die Ostsee, melde dich zum Ashtanga an, lach laut und nimm die Dinge doch bitte nicht so schwer, wie sie sind.

Was hast du davon? Du suchst dir die falschen Gegner. Ich kenn das, weißt du. Sie meint es nicht so. Meine Mutter nicht und deine nicht. Aber du, du kannst der Unbeweglichkeit entfliehen. Spätestens nächstes Jahr. Du ziehst aus und lässt die Schwere in dem Dorf zurück.

Du kommst nur noch an Weihnachten, isst Klöße mit Schweinebraten, und wenn du mit deinem neuen Golf auf die Autobahn einbiegst und in dein neues Leben fährst, dann drehst du das Radio laut und schreist vor Glück.

November 2012

Meine Mutter ist jetzt mit dem Berufsschullehrer zusammen. Sie nennt ihn Calli und malt sich die Lippen rot, weil Calli das mag. Mich lässt er in Ruhe, ich mache ihm Angst. Wenn er mit mir redet, tut er das zu langsam: «Ha-ha-ll-lo, Le-he-nart, naaa wiehe gehets?» Du dicke Drecksau, will ich sagen und mache es nicht. Meiner Mutter zuliebe. Heute Nachmittag kommen Til und Thomas. Ich will offen sein, ich weiß, wie das endet.

Meine Mutter begrüßt sie an der Tür: Hallo, Frau Philipps, Blumen und von daheim eine Flasche Wein, und Grüße, gute Grüße. Danke und ja, ja. Der Lennart ist oben, der freut sich schon sehr.

Der Lennart freut sich nicht und der Til und der Thomas auch nicht. Die sitzen auf der Couch in meinem Zimmer, auf der sonst nie jemand sitzt, und sagen: Alter, was geht? Dann stößt Thomas Til in die Seite, eine Pause hängt im Raum. Ich frage Til, wie das Sauerland ist, und er sagt: schlechtes Bier, aber geile Weiber.

Sie erzählen von ihren WGs und den neuen Städten, und Thomas, der schmal geworden ist, sagt, sein Vater wolle, dass er den Getränkebetrieb übernehme, aber er eben nicht. Design, sagt er, wäre schon eher was.

Und Thomas dann: Weißte noch, Lennart, Differenzialrechnung bei Frau Sonntag, was für ein Scheiß, da haben wir verkackt! Und als wir dem Pohlmann die Zirkelspitze in den Oberarm gerammt haben? Wie witzig. Haha. Weißte noch?

Über die alten Zeiten lässt es sich leichter sprechen. Da bin ich noch Teil.

Am Ende sagt Til: Na, dann.

Dezember 2012

Frau von Redow, munkelt man im Dorf, habe Probleme mit der Kleinen. Meine Mutter hängt Lichterketten auf. Dieses Jahr feiert der Calli mit uns, da gibt es Entenbraten und Küsse. Weißte, Lenni, die Große macht sich prächtig, aber die Kleine macht nur Kummer. Der Kummer der anderen macht den meiner Mutter kleiner.

Weihnachten verbringe ich regungslos. Auch inner-
lich. Alte Freunde kommen nach Hause. Manche trauen
sich auf die Couch in meinem Zimmer, die meisten nicht.
Meine Mutter schenkt mir ein Perpetuum mobile und
sagt, dass sie mich liebt. Schneetreiben erschwert mir die
Sicht auf Mia. Tagsüber geht sie nicht raus, abends treibt
sie sich rum. Der Freund kommt nicht mehr, seitdem ihr
Vater ihn einen Asozialen genannt hat.

Ich höre Musik und sehe Mia an. Der Berufsschullehrer kündigt seine Wohnung und zieht bei uns ein. Meine Mutter summt morgens beim Aufstehen. Mia schläft
abends rauchend ein.

Januar 2013

Drei Tage nach Silvester greift Mias Mutter in die schwarzen Haare und zieht ihre Tochter auf den Bettvorleger.
Mia beißt in ihre Hand. Marissa kommt nach und dreht
Mia die Arme auf den Rücken, umklammert sie mit den
Füßen, während die Mutter weiter schreit. Irgendwann
macht sich Mia ganz schlaff, und das Algenhaar schmiegt
sich an die Brust ihrer Schwester, Mias Kopf kippt nach
hinten, als habe sie Nasenbluten.

Frau von Redow holt aus.

Vier Tage später rollt der Landrover aus der Ausfahrt. Mia
kommt ins Ursulineninternat. Sie soll auf dem Unter-
stufen-Schulhof Gras verkauft haben. Als ob die das nötig
gehabt hätte, sagt meine Mutter.

Brunella zieht in Mias Zimmer, schmeißt den Bettvorleger weg und lässt die Rollläden runter. Dann passiert lange nichts.

MARALURATENG

4:17 Uhr.

Ich wache nachts auf, immer derselbe Traum, ich stand gerade stundenlang vorm schleimigen Algentor. Jetzt perlt Schweiß von meiner Stirn.

Ich hätte da noch ein paar Fragen, Friedrich.

Was wird jetzt aus Maralurateng, dem geheimen Ort im Ozean, an dem wir uns jede Nacht im Schlaf zum Träumen trafen? Du hast gesagt, wir haben Verantwortung für all die bunten Federfische, die gar nicht schwimmen, sondern unter Wasser fliegen, weil in Maralurateng ja vieles anders ist.

Du hast gesagt, die Federfische sind ein geheimes Unterwasservolk und heißen Maraluras. Das hat keine Bedeutung, hast du gesagt, weil man gerade in Maralurateng nicht möchte, dass immer alles Sinn macht. Man entschwebt dort dem ewigen Bedeutungsdruck, der über Wasser irgendwie dazugehört wie Kassenbons und Klopapier.

Wenn ich abends nach Hause kam und so müde und gestresst war, weil der Hinzpeter mich wieder so fertiggemacht hatte mit seiner dummen Art, dann hast du gesagt: «Marlene, hast du in Maralurateng schon mal einen Hinzpeter gesehen?»

Und natürlich hatte ich das nicht. In Maralurateng sind ja keine Menschen außer uns, und wir sind auch nur dort, weil die Maraluras möchten, dass wir in ihrem Muschelpalast wohnen und ihre Könige sind, aber das haben wir uns wirklich nicht selbst ausgesucht, denn die Maraluras sind so ein Volk, das kann man nicht zwingen. Wenn man denen etwas befiehlt, machen sie es erst recht nicht. Es gibt in Maralurateng auch keine Gesetze, nur Verhaltensangebote. Eigentlich regiert das Volk mehr über die Könige als umgekehrt. Es ist eine Art repräsentative Unterwassermonarchie. Die Maraluras wohnen auch mit im Muschelpalast, was Sinn macht, weil ganz Maralurateng nur aus dem Muschelpalast besteht.

Unser Thron ist ein quallenartiges Sofa, so ähnlich wie die Pärchensitze im Kinosaal, nur aus einer ganz komischen, glubschaugenartigen Substanz. Man kann nicht darauf sitzen, ohne auf und ab zu hüpfen.

Und weil überall durch den Palast Federfische fliegen, streift einen ständig irgendeine Feder oder Federfluse, und das kitzelt ungemein, und man fühlt sich in Maralurateng deshalb ein bisschen so wie beim 24-Stunden-Pekip für Erwachsene.

In unserem Muschelpalast wohnen nicht nur die Maraluras, sondern auch die alte Marsularulala. Die Marsularulala, sagen die Maraluras, ist weit über zweitausendfünfhundertfünfzig Jahre alt. Sie hat den Körper einer blauen Qualle und den Kopf einer weißen Eule. Die Marsularulala kann die Vergangenheit vorhersagen.

Man kann die Marsularulala immer um Rat fragen, wenn man ein Problem hat oder etwas aus der Vergangenheit wissen will, was man selbst vergessen hat, zum Beispiel den Stand eines Federballspiels.

Die Lieblingsbeschäftigung der Maraluras ist nämlich Federball. Die Federn an den Federbällen sind ihre eigenen, aber die Schläger und die Bälle sehen genau so modern aus, wie man sie vom Badminton kennt. Fast den ganzen Tag spielen die Maraluras Federball, und wenn sie das gerade nicht tun, dann schlafen sie, und das tun sie so:

Sie breiten ihre Flügelflossen aus und stecken ihre Fischgesichter ineinander und bauen aus sich eine Art Flauschkugel. Und so kugeln sie dann durch den Palast, und wenn an einem eine bunte Federkugel vorbeischwebt, dann weiß man: Da schlafen jetzt ein paar müde Maraluras, ganz erschöpft vom Federballspiel.

Vor unserem Einschlafen hast du mich immer gefragt: «Marlene, sehen wir uns in Maralurateng?» Und wenn ich genickt habe, dann hast du nie «Gute Nacht» gesagt, sondern immer bloß «Bis gleich». Du hast auf dem Rücken geschlafen und dabei die Füße so verknotet wie im Schneidersitz. Ich auf dem Bauch, meine Wange an deinem Schlüsselbein. Ich habe gewartet, bis du gleichmäßig geatmet hast, dann bin ich dir gefolgt.

Ein paar Freunde, die dich kannten, hatten mich gewarnt. Sie nannten dich einen Psycho. Sie sagten, du würdest Frauen viel versprechen, und dann, wenn es gerade richtig schön sei, dann würdest du gehen.

Ich hätte auf sie hören sollen.

5:12 Uhr.

Draußen dämmert es schon. Das Zwitschern der Vögel klingt penetrant. Unter Wasser war es immer ganz leise.

13

Mir ist etwas aufgefallen, das nicht schön ist, aber vielleicht deshalb besonders erzählenswert. Zunächst werde ich etwas ausholen. Später aber genauer werden. Nur, falls Sie sich wundern.

Meine Eltern ließen sich scheiden, als ich neun Jahre alt war. Es kam nicht besonders überraschend, sondern war eher eine logische Konsequenz ihres Zusammenlebens. Ich habe sie nie glücklich erlebt, obwohl meine Mutter meint, dass sie das die ersten fünf Jahre waren. Aber dazu kann ich nichts sagen, denn daran erinnere ich mich nicht.

Mein Vater zog nach der Scheidung aus beruflichen Gründen in die Schweiz, zahlt aber weiter Unterhalt. Meine Mutter heiratete sofort wieder. Ich weiß gar nicht, wo sie so schnell einen neuen Mann herbekam, ich glaube, aus dem Tennisclub. Mein Stiefvater war Steuerberater. Es gibt ja dieses Vorurteil, dass Steuerberater pflicht- und ordnungsbewusste Menschen sind, und ich würde sagen, dass das kein Vorurteil ist.

Statt Streit gab es jetzt eine Menge Auflagen. Das neue Haus, in das wir zogen, durfte ich nur mit Hausschuhen betreten. Die Küchenrolle mussten wir immer auf ein gefaltetes Stück Zewa stellen. Die gläserne Duschkabine musste nach dem Duschen mit einer Gummiflitsche, wie sie auch Fensterputzer benutzen, abgezogen werden. Niemand durfte mehr mit nackten Füßen auf die Couch. Kamen Gäste, waren sie gezwungen, das Gästeklo zu benutzen, selbst wenn es sich um Familienmitglieder handelte.

Ich war aus dem Krieg gekommen und in eine Behörde geraten. Vergaß ich eine der 112 neuen Hausregeln, machte mein Stiefvater einen Strich an die Tafel in der Küche. Bei drei Strichen bekam ich eine Strafaufgabe. Die Regeln für den Garten und die Sauna erspare ich Ihnen jetzt.

Die Eltern von meiner Freundin Luna sind auch geschieden. Und die von Isabel zwar nicht, aber die schlafen in unterschiedlichen Betten. Mareille, meine beste Freundin, hat nicht mal einen Vater, also theoretisch natürlich schon, aber keinen richtigen. Wenn ich bei Mareille bin, dann sagt ihre Mutter immer nur schlechte Sachen über Männer. So wie: «Wann ist ein Mann einen Euro wert? – Wenn er einen Einkaufswagen schiebt.» Ich finde das total dämlich von Mareilles Mutter. Und irgendwie macht es mich auch traurig.

Ich habe mal einen ganzen Nachmittag darüber nachgedacht und festgestellt: Das einzig glückliche Paar, das ich kenne, sind meine Großeltern. Seitdem ich lebe, sind sie zusammen, und davor auch schon. In zehn Jahren feiern die beiden Gnadenhochzeit, und das klingt ziemlich schlimm für etwas, was nur sehr wenig Menschen erleben und was deshalb eigentlich einen schönen Namen haben sollte. Zumindest wenn man den anderen noch liebt. Und Opa Paul sagt, er liebt Oma Anne. Und Oma Anne sagt dasselbe über Opa Paul. Meine Großeltern machen nicht nur Sachen, die ich gut finde. Zum Beispiel liest mein Opa die BILD-Zeitung, und meine Oma kocht immer richtig fette Soßen, die sehr dick machen. Aber was die Liebe betrifft, sind meine Großeltern für mich so etwas wie Helden.

Bei ihnen, da durfte ich Tontauben schießen und komplizierte Fragen stellen und acht Stunden lang durch die Fontäne des Rasensprengers springen und so viel Florentiner essen, wie ich wollte. Und mich mit dreckigen Füßen auf die Couch legen. Und einmal habe ich beim Ringen mit meinem Cousin die Scheibe der alten Glasvitrine im Flur kaputt getreten, und Oma kam angerannt. Und das Einzige, was sie interessierte, das war, ob es mir gutgeht.

Oma Anne und Opa Paul trennten sich nie, sie wurden nur älter. Oma bekam ein Hörgerät hinters Ohr geklemmt und Opa Paul braune Flecken im Gesicht. Der Stiefvater kam jetzt mit zu ihnen, wenn wir Weihnachten und Ostern oder runde Geburtstage feierten. Der Stiefvater wollte, dass Opa Paul eine Riester-Rente abschließt, und versprach Steuervorteile. Aber Opa Paul wollte nichts unterschreiben, sondern einfach nur in Ruhe sein Bier trinken.

Ich habe Oma Anne und Opa Paul sehr oft gefragt, wie sie sich kennengelernt haben, weil ich es mochte, wie sie darüber redeten, obwohl die Geschichten von alten Leuten ja sonst eher öde sind und von Krieg handeln und lauter so Sachen, die es längst nicht mehr gibt.

Oma Anne erzählt dann, dass sie beide nach Ende des Krieges beim Engländer anfingen. Er als Übersetzer, sie in der Telefonvermittlung. Als sie ihn das erste Mal sah, haute er der Sekretärin von Flur zwei gerade auf den Po. Als er sie das erste Mal sah, wusste er, dass sie seine Frau werden würde.

An dieser Stelle hake ich immer ein und frage Opa Paul, woher er das wusste. Und er sagt dann: «Ich wusste es einfach.» «So wie ein Einfall?» «So ungefähr.»

Von da an stand Paul immer um Punkt 12 vor ihrer Tür und holte sie zur Mittagspause ab. Zweimal brachte er ihr eine Schale Erdbeeren mit. Einmal zog er ein himmelblaues Seidentuch aus seinem Hosenbein.

Am Ende des Sommers fuhren sie mit den Fahrrädern an den See. Anne trug ein weißes Kleid aus dünner Baumwolle mit einem lindgrünen Saum. Ihre Haut war gebräunt und ihr Haar hochgesteckt.

Manchmal fuhr Paul so nah neben ihr, dass er ihren Gepäckträger greifen konnte und sich dort mit einer Hand festhielt. Dann fühlte es sich an, als seien sie nicht zwei Menschen auf zwei Fahrrädern, sondern eine sich fortbewegende Einheit.

Am See angekommen, breitete Paul auf dem Steg eine Decke aus und zog Anne zu sich. Als er sie küsste, fühlte es sich richtig an.

Auch an dieser Stelle habe ich nachgefragt, weil die Aussage so ungenau war. Oma hat gesagt, wenn man keine Fragen mehr stellt, keine Zweifel hat, dann fühlt es sich richtig an.

Später saßen Anne und Paul zusammen auf der Decke, aßen Käsebrote und tranken Rotwein und sahen der Sonne beim Untergehen zu. Ihre Beine baumelten so leblos vom Steg, als gehörten sie nicht mehr zu ihnen.

Er sagte, er wolle für immer mit ihr glücklich sein. Es war das Ende eines warmen Tages, und die Luft roch abgestanden und süß wie Birnenmus. Das Leben lag vor ihnen wie der brackige Sommersee.

So haben sie es mir erzählt.

Natürlich gibt es auch Dinge, die Oma an Opa stören. Und zwar schon seit Jahrzehnten. Zum Beispiel, dass er sehr laut furzt und sich weigert, dafür ins Badezimmer oder in den Garten zu gehen. Ich habe das auch schon oft mitbekommen. Ich saß dann am Tisch meiner Großeltern, und wir haben gegessen und dann, nach dem Mittag, ließ Opa Paul so einen richtig lauten Knatterfurz los.

Oma schimpft dann immer, jedenfalls wenn ich dabei bin. Opa Paul lacht bloß und zitiert Martin Luther: «Warum rülpset und furzet ihr nicht? Hat es euch nicht geschmacket?» Ich finde das mit dem Furzen auch gar nicht so schlimm, sondern eher witzig. Mein Opa hat gesagt, dass seine Einheit im Krieg ihre Fürze immer mit den Streichhölzern angezündet hat. Das geht wirklich, und es entsteht sogar eine kleine blaue Stichflamme, aber man muss aufpassen, dass man sich die Hose nicht ansengt.

Als ich einmal beim Steuerberater am Geburtstagstisch gerülpst habe, hat er mir direkt eine Nackenschelle gegeben. Und als ich Martin Luther zitiert habe, noch eine.

Letztes Jahr hat meine Mutter den Steuerberater zum Glück verlassen. Und weil er keinen Ehevertrag gemacht hatte, stehen wir jetzt finanziell sehr gut da.

Ich will aber nicht, dass hier ein falscher Eindruck von meiner Mutter entsteht. Sie ist in Ordnung und will nur mein Bestes. Sie ermöglicht mir viele teure Sportarten und hat mich homöopathisch zusatzversichert, aber die Sache mit den Männern, die bekommt sie einfach nicht hin.

Zusammenfassend denke ich, dass es naiv ist und irre kitschig, an die große Liebe zu glauben. Aber vielleicht ist es genau das, wonach sich die Menschen alle insgeheim sehnen. Kann das sein?

Meine Mutter sagt, dass ich mir für mein Alter zu viele Gedanken mache. Aber ich kann damit einfach nicht aufhören. Die Gedanken kommen ja von allein.

Oma sagt, man muss daran glauben. Dann kann es klappen. Ich habe ihr gesagt, dass ich Angst habe, dass sich die Zeiten geändert haben, und ihr von Mareilles Mutter erzählt. Und von der Kinderfreizeit auf Ameland. Da haben die Älteren Stoppküssen gemacht. Einer von uns Jüngeren hat die Stoppuhr gedrückt, und zwei Große haben geknutscht mit Zunge, das Gewinner-Pärchen zwölf Minuten und 48 Sekunden lang. Aber zusammen waren die danach nicht. Ich habe Oma Anne auch erzählt, dass ich mich davor fürchte, nicht diesen einen Menschen zu finden, bei dem mir der Einfall kommt. Und dass ich dann auch irgendwann werde wie Mareilles Mutter. Und dass mein Leben dann nur aus Stoppküssen besteht.

Oma Anne ist sich aber sicher, dass sich die grundlegenden Dinge niemals ändern werden. Dass die großen Sehnsüchte und Gefühle und Wünsche der Menschen immer dieselben bleiben.

Ich bin ja noch jung, aber das hat mich beruhigt.

ALTERNATIVEN

Musst du genau dann anrufen, wenn einem der Schleim noch an den Fingerkuppen klebt, schreie ich in das Omatelefon. Das ist ja ekelhaft, sagt Janosch, und ich sage, nein, das ist die Schleimmethode. Janosch, der grad auf einer Elefantenfarm in Thailand abhängt, will bloß mal hallo sagen. Er sei auf dem besten Weg, ein Mahut zu werden, sagt er. Und ich: Wann kommst du wieder? Und zu uns? Verbindungsstörungen zerschreddern Worte. Janosch sagt, in drei Monaten, und ich sage, dass die Drei eine magische Zahl ist. Dann fragt er nach Jörg, aber nur aus Höflichkeit. Ich sage: Gut, gut. Die Verbindung ist die Hölle, pass auf dich auf. Du auch. Düd.

Der Schleim klebt am Stoffhörer. Ekelhaft sieht das aus und auch ein bisschen witzig. An guten Tagen ist da ein dicker Pfropfen zwischen Daumen und Zeigefinger. Erinnert mich immer an dieses Klebedings in Zeitschriften. Womit die die Duschgelpröbchen an die Seiten pappen, und dann zieht man das ab und reißt dabei immer die Seite ein. Danach hat man diese synthetische Popelrolle an den Fingern. In dem Alternative-Verhütungs-Methoden-Buch steht, dass man den Schleim auch schmecken kann, aber ich weiß nicht. Ich hab zwar kein

Problem mit meinem Körper, möchte das aber trotzdem nicht.

Ich schaue auf die Uhr. Gleich kommt Jörg. Ich kratze den Schleim ab, schnipse ihn durch die Terrassentür und stelle mir vor, dass dort ein Schleimbaum wachsen wird. Janosch ist mein kleiner Bruder, und es ging ihm nicht gut, weil Viola sich von ihm getrennt hat im März, und das war doppelt schlimm, so drei Tage vor seinem Geburtstag, und der Jahrestag stand eigentlich auch an. Und wenn Janosch Jahrestage feiert, dann liebt der die Frau. Viola ist eine Frau, die man leicht lieben kann. Mit charismatischer Zahnlücke, langen Beinen und ziemlich gutem Kleidungsstil. Viola gab kurz vor dem vierten Jahrestag zu, dass sie sich verliebt habe. Sie sagte nicht, in wen, zog aber am nächsten Tag schon aus. Seitdem muss ich sie leider hassen, obwohl das nicht meine Art ist.

* * *

Knapp drei Monate später ruft Janosch an und sagt, er sei wieder da. Grad in Berlin gelandet. Komisch, meint er, in die Wohnung von ihm und Viola zurückzukehren. Er will bald ausziehen. Ich sage ihm: Das Beste liegt nie hinter uns, sondern immer vor uns. Das ist ein schöner Spruch, aber ich weiß nicht mehr, von wem.

Er will den Zug am Freitagabend nehmen. Bis Samstag wird er bleiben, und ich sage ihm, gerne länger. Aber er will nicht, weil er Sonntag arbeiten muss. Irgendein

Shooting in Mailand. Teure Kampagne, sagte Janosch, aber er weiß, darauf gebe ich nichts.

* * *

Fürs Abendbrot habe ich Gemüse aus dem Laden mitgebracht. Es ist ganz frisch und duftet nach Erde. Aus dem Salat fallen schwarz-gelbe Schnecken. Während ich die Blätter absuche und die Schnecken einzeln nach draußen trage, denke ich an Janosch und daran, dass er nie Gemüse isst und deshalb oft ungesund aussieht.

154   Gibt's Gemüse?, fragt er an der Tür. Sag doch erst mal hallo, entgegne ich. Und dann jault er: I love you, und ich sage Arschloch, und er umarmt mich, ziemlich lange. Und ich spüre seinen knochigen Körper und schäme mich für meinen weichen. Viola hat sich vermutlich ganz anders angefühlt, gut und fest und schlank. Aber ich bin eine Schwester. Und Viola eine Schlampe.

Janosch setzt sich an unseren langen Eichentisch und wirkt wie hergebeamt. Sein Gesicht ist nicht so weiß wie sonst, sondern richtig schön braun, und einen Sonnenbrillenabdruck hat er auch. Bist du der einzige Mensch, der mit Ray-Ban-Brille Elefanten reitet, frage ich, und er lacht. So ein richtig schönes Lachen ist das, mit weißen Zähnen und gar nicht mehr traurig.

Er holt ein kleines Holzdöschen aus der Hose und sagt, für dich. Es ist ein Fingerring aus Silber. Und in das Silber ist noch mal ein schwarzer Ring eingefasst, so ein bisschen gummiartig sieht der aus. Aber wenn man genau hinsieht, dann erkennt man, dass das Schwarz gar keine Farbe ist oder Kunststoff, sondern ein sehr dickes Haar, ein Elefantenhaar. Gefällt dir das, Blumenkind, fragt mein Bruder. Ich nicke, will aber wissen, ob dafür ein Elefant ums Leben gekommen ist oder beschädigt wurde, und Janosch schwört, dass das Elefantenhaar von allein ausgefallen ist.

Janosch sagt, er habe in der Ferne vieles verstanden und das Meiste habe weh getan. Er sagt, natürlich vermisse er Viola.

Er redet dann aber vor allem darüber, wie er kreative Energie aus unglücklicher Liebe schöpfen will oder, besser gesagt, aus dem Gefühl, welches damit einhergeht. Er behauptet, dass Liebesschmerz die Grundlage guter Musik sei. Und dass man alles aus der Musik auch auf die Modefotografie übertragen könne.

Dann denke ich, Janosch ist eigentlich auch ein Alternativer. Der will nur immer so hart wirken mit seinen Lederjacken und den coolen Freunden, aber sein Innerstes, das ist so weich wie eine reife Avocado.

Ich rede über den Laden und die T-Shirts, über Jörg und die neue Strick-Gruppe. Über Freiheit und den Atom-GAU in Japan und über die Zukunft. Und wie eins mit dem anderen zusammenhängt. Blumenkind, sagt Janosch dann, du kannst die Welt nicht retten.

Früher hätte ich mich darüber geärgert. Aber ich weiß, er meint es nicht so. Wir sind Geschwister, wir haben dieselbe Vergangenheit. Dieselbe Grundschule, dasselbe Gymnasium und dieselbe blöde Scheidungsgeschichte. Wir können gar nicht anders, als uns schrecklich zu hassen und innig zu lieben.

Vor einiger Zeit musste Janosch mir Geld leihen. Als er rausgefunden hat, dass es für eine Harfe war, ist er richtig ausgerastet. Er hat dann gesagt: Blumenkind, ich gebe dir kein Geld für Harfen, Nasenflöten, Ohrenkerzen und Waschnüsse.

Er hat mich richtig angeschrien. Wenn ich ein Hippie sein will, hat er gesagt, soll ich Fallobst sammeln und ihn nicht anpumpen. Oder ich solle arbeiten gehen. Und als ich ihm dann gesagt habe, dass ich gebatikte T-Shirts verkaufe, da meinte er nur: richtige Arbeit. Das fand ich gemein. Wir haben bestimmt vier Wochen nicht miteinander geredet. Aber dann kam die Sache mit Viola.

Als das Reiswasser kocht, dreht sich Jörgs Schlüssel in der Tür, und er sagt: Hallo, ihr zwei. Jörg setzt sich neben Janosch auf die Eichenbank und wirkt wie jemand, der hierhergehört.

Wir essen, und Janosch stellt höflich zwei Fragen an Jörg und reicht ihm sein Bier. Jörg fragt Janosch ebenso höflich nach Thailand, und ich höre die Geschichte mit der kreativen Energie zum zweiten Mal. Nach dem Essen holt Jörg den Holunderschnaps, und Janosch wehrt sich nicht, als ich ihm einschenke. Und dann trinken wir, der Bauer, das Blumenkind und der Bruder, vier Flaschen Holunderschnaps aus, und das klingt jetzt viel.

Samstagmorgen lacht Janosch über meinen Bademantel, und daraufhin trete ich ihm in den Arsch. Später lache ich über die Holunderschnapsflecken auf seiner beigefarbenen Hose und rufe: Das geht nicht mehr raus. Janosch jagt mich durch das Esszimmer, stößt sich das Knie, humpelt weiter, bekommt mich zu fassen, dreht mir den Arm auf den Rücken und beißt mir in den Nacken. Ich schreie nach Jörg. Der steht im Türrahmen und lacht. Seid ihr fünf, fragt er. Bloß zwei, sagt Janosch. Und weil er innehält, nutze ich den Augenblick und trete ihn vors Schienbein.

Nachmittags gehen wir gemeinsam zum Bahnhof. Ich habe Janosch Vollkornstullen geschmiert. War schön, Blumenkind, sagt er zum Abschied und küsst mich auf die Stirn. Seine Lippen sind glatt und kühl, und er riecht trotz Parfüm nach Bruder. Ich sage ihm, dass Viola eine Schlampe ist, und er lacht. Er will anrufen. Aus Mailand oder Paris.

Und als die Zugtür schließt, ruft er: Jörg ist ein netter Bauer, und ich winke meinem Bruder hinterher und weiß, dass er die Stullen nicht auspacken wird.

Aus Mailand bekomme ich ein Paket mit einem olivgrünen Seidenschal. Aus Paris eine Karte mit der zauberhaften Amélie. Aus Barcelona endlich einen Anruf.

Janosch sagt, dass er in Paris Christian Lacroix kennengelernt hat. Ich weiß nicht, wer das ist, darum lacht er hysterisch und erzählt dann von François. Ich brauche ein bisschen, bis ich verstehe, dass es sich nur mit einem stimmhaften s um einen Frauennamen handelt.

Stört dich das?, flüstert Janosch.

Warum sollte es?

Vielleicht hätte ich eher darauf kommen können. Als ich mit 14 die Männerfotos auf unserem gemeinsamen Computer entdeckt habe und mir Janosch daraufhin mit der Softgun in den Arsch schoss. Oder als mir Viola erzählte, dass sie nicht gerne Sex hat. Aber im Nachhinein macht ja immer alles Sinn.

Du wirst Onkel, schreie ich ins Omatelefon. Die Schleimmethode ist nix. Blumenkind, sagt Janosch, komm nicht auf die Idee, mich zu fragen, ob ich bei der Geburt dabei sein will.

François also. Ich grinse dämlich vor mich hin, während Janosch weiterredet. Auf unserer Terrasse hackt eine Amsel einer anderen auf den Kopf und bleibt mit dem Schnabel stecken.

Jörg hat mir versprochen, zur Geburt unseres Kindes einen Schleimbaum zu pflanzen. Er hat mich gefragt, ob ich Coruscant kenne. Coruscant ist der Hauptplanet und Regierungssitz der Galaktischen Republik. Im Botanischen Garten von Coruscant stehen sie schon und sondern Schleim und gelbe Blütenstaubsekrete ab.

Als ich Janosch davon erzähle, sagt er:

Du bist ekelerregend liebenswert.

Dann legen wir auf.